Aprender a cuidar:
Diálogos entre Saúde e Educação Infantil

Volume 13

Coleção *Educação & Saúde*

Dados Internacionais de Catalogação na Publicação (CIP)
(Câmara Brasileira do Livro, SP, Brasil)

Dumont-Pena, Érica
   Aprender a cuidar : diálogos entre saúde e educação infantil / Érica Dumont-Pena, Isabel de Oliveira e Silva. — São Paulo : Cortez, 2018. — (Coleção educação & saúde ; v. 13)

   Bibliografia.
   ISBN 978-85-249-2686-0

   1. Crianças - Cuidados 2. Crianças - Direitos 3. Educação infantil 4. Enfermagem 5. Vida familiar I. Silva, Isabel de Oliveira e. II. Título. III. Série.

18-18449   CDD-372.21

Índices para catálogo sistemático:

1. Diálogos entre saúde : Educação infantil   372.21

Cibele Maria Dias - Bibliotecária - CRB-8/9427

Érica Dumont-Pena
Isabel de Oliveira e Silva

Aprender a cuidar:
Diálogos entre Saúde e
Educação Infantil

APRENDER A CUIDAR: diálogos entre Saúde e Educação Infantil
Érica Dumont-Pena e Isabel de Oliveira e Silva

Capa: aeroestúdio
Preparação de originais: Ana Paula Luccisano
Revisão: Marta Almeida de Sá
Editora-assistente: Priscila F. Augusto
Composição: Linea Editora
Coordenação editorial: Danilo A. Q. Morales

Direitos para esta edição
CORTEZ EDITORA
Rua Monte Alegre, 1074 — Perdizes
05014-001 — São Paulo — SP
Tel. (11) 3864 0111   Fax: (11) 3864 4290
e-mail: cortez@cortezeditora.com.br
www.cortezeditora.com.br

Impresso no Brasil — agosto de 2018

Para Lúcia e Nelcina

Sumário

Apresentação da Coleção

A Coleção Educação e Saúde busca estabelecer diálogo entre pesquisadores do Programa de Pós-Graduação Educação e Saúde na Infância e na Adolescência, da Universidade Federal de São Paulo, e educadores e professores, convidando também especialistas de outras Universidades para a análise de temas específicos, fundamentais para o estudo do cotidiano escolar.

O conjunto de títulos que o leitor encontra nesta Coleção reúne investigadores cujas pesquisas e publicações abrangem de forma variada os temas infância e adolescência e que trazem, portanto, experiência acadêmica relacionada a questões que tocam direta e indiretamente o cotidiano das instituições educacionais, escolares e não escolares.

O diálogo entre os campos da Educação e Saúde tornou-se necessário à medida que os desafios educacionais presentes têm exigido cada vez mais o recurso da abordagem interdisciplinar, abordagem essa necessária para oferecer alternativas às tendências que segregam os chamados problemas de aprendizagem em explicações monolíticas.

A educação dos educadores exige esforços integradores e complementares para que a integridade física, social, emocional e intelectual de crianças e adolescentes com os quais lidamos diariamente não permaneça sendo abordada com reducionismos. Percebemos com frequência a circulação de diagnósticos que reduzem os chamados problemas educacionais a um processo de escolha única, sem alternativas integradoras.

Em relação aos chamados problemas educacionais, na maioria das vezes as opções formativas ou são devedoras de argumentos clínicos ou são devedoras de argumentos socioeconômicos, mas predominantemente esses universos são apresentados como realidades que não devem se comunicar, tornando a opção por uma imediata exclusão do outro.

As desvantagens pessoais e sociais de crianças e adolescentes estão diariamente desafiando professores e educadores em geral. Abordar de forma objetiva e integrada o complexo tema dos chamados problemas físicos, emocionais, intelectuais e sociais que manifestamente interferem na vida escolar de crianças e adolescentes é o desafio desta Coleção.

Esse desafio nos levou a trazer para a Coleção um repertório de temas que contempla os problemas sociais de alunos pobres; os chamados déficits de atenção; as várias formas de fracasso escolar; as deficiências em suas muitas faces; as marcas do corpo; a sexualidade; a diversidade sexual; a interação entre escola e família; a situação dos alunos gravemente enfermos; as muitas formas de violência contra a criança e entre crianças; os dramas da drogadição; os desafios da aquisição de linguagem; as questões ambientais e vários outros temas conexos que foram especialmente mobilizados para este projeto editorial.

A mobilização desses temas não foi aleatória. Resultou do processo de interação que o Programa tem mantido com as redes públicas de ensino de São Paulo. E tem sido justamente essa experiência a grande fiadora da certeza de que os problemas educacionais de crianças e adolescentes não são exclusivamente clínicos, nem exclusivamente sociais. Pensemos nisso.

Por isso, apresentamos a Coleção Educação e Saúde como quem responde a uma demanda muito consistente, que nos convida a compartilhar estudos sobre a infância com base naquilo que de mais rico a interdisciplinaridade tem a oferecer.

MARCOS CEZAR DE FREITAS
Coordenador da Coleção

Introdução

A origem deste trabalho está em nossas inquietações em torno das relações de cuidado em diferentes esferas da vida social. Nossa formação e atuação, nos campos da Enfermagem e da Educação, e nosso encontro no campo de pesquisa em Educação possibilitaram-nos iniciar a busca de construção, nos campos da pesquisa e da formação profissional, de elos entre as discussões das duas áreas, nas quais se faz presente o interesse em problematizar a questão do cuidado tendo como eixo os sujeitos dessa relação: pessoas que cuidam e pessoas que são cuidadas.

Como parte de nosso trabalho na Pós-Graduação em Educação da Universidade Federal de Minas Gerais (UFMG), vinculado ao Núcleo de Estudos e Pesquisas sobre Infância e Educação Infantil (NEPEI), assumimos o desafio de fazer dialogar trabalhos sobre as trajetórias de técnicas de Enfermagem e de educadoras/professoras[1] da Educação Infantil, tendo como eixo as reflexões sobre *as*

---

1. Neste trabalho, embora a pesquisa tenha sido realizada após definição de que para atuar na Educação Infantil requer-se a formação como professor(a), a referência à trabalhadora que atuava com crianças pequenas em uma instituição comunitária de Educação Infantil, sujeito da pesquisa, será feita como *educadora* pelo fato de ser este o termo utilizado no contexto pesquisado e com o qual ela se identifica. Nelcina, de quem contamos aqui parte da história com ela construída, figura entre os sujeitos de outro trabalho publicado também pela Cortez Editora (SILVA, 2001). Não usamos nome fictício em respeito ao desejo de Nelcina de ser identificada

mulheres, as histórias de vida e a aprendizagem do cuidado. Embora as trajetórias dessas mulheres se refiram a contextos distintos, suas experiências se aproximam, sobretudo no que se refere às vivências de receberem cuidados, bem como àquelas nas quais eram cuidadoras de si e do outro. Os pontos de contato são marcados pela condição de mulher pobre, pouco escolarizada e migrante para os grandes centros urbanos. Suas histórias se encontram também como histórias das relações intergeracionais que se fazem presentes, evidenciando tanto a reprodução da precariedade das condições de vida quanto as rupturas e conquistas que refletem as histórias individuais e sociais.

Este livro pretende continuar conversas sobre o cuidado que extrapolam a nossa inserção profissional e de pesquisa, trazidas da participação em movimentos sociais relacionados aos direitos de mulheres e crianças, especialmente aos movimentos feministas e da Educação Infantil. Essas experiências nos levaram a construir perguntas sobre as práticas de cuidado exercidas fundamentalmente pelas mulheres, seja no espaço doméstico, seja em atividades profissionais de cuidado com diferentes sujeitos — crianças, idosos e doentes, dentre outros, como na Enfermagem e na Educação.

No que concerne aos movimentos sociais de mulheres, identificamos mudanças em torno das lutas, com incremento das demandas envolvendo o corpo, as subjetividades e as formas de reconhecimento. As organizações de mulheres passaram a dizer à sociedade que o cuidado precisa ser distribuído entre as pessoas: todos precisam de cuidados, portanto, todos precisam cuidar, mas, também, que a atividade de cuidar, caracterizada por um saber-fazer constituído sobretudo no cotidiano da vida das mulheres, precisa ser valorizada.

---

pelo próprio nome. Nesse trabalho, foram analisadas as experiências de formação escolar e profissional em Educação Infantil, com foco na experiência de escolarização e nos processos de construção de identidades profissionais nesse campo.

No caso dos movimentos sociais da Educação Infantil, tem-se o reconhecimento da indissociabilidade das funções de cuidar e educar das crianças em creches e pré-escolas, reafirmada na literatura da área e nos instrumentos normativos oficiais em nível nacional. A luta se desenvolve no sentido de caracterizar cuidado e educação de forma integrada e valorizá-los, já que, na hierarquia da profissão docente, o trabalho com bebês e crianças até os 5/6 anos é o menos valorizado. Ainda hoje, as professoras da Educação Infantil não contam com formação efetiva e com organização do trabalho que favoreçam práticas adequadas de cuidados com as crianças e que valorizem de fato essa dimensão. Na prática, as ações de cuidado têm sido, em grande medida, delegadas a agentes específicas — as auxiliares — e ancoram-se em saberes tácitos adquiridos, sobretudo, na experiência social dos sujeitos e ainda pouco reconhecidos e sistematizados.

Na Enfermagem, ao contrário, a profissionalização do cuidado tende a um distanciamento das aprendizagens da experiência social devido ao processo de cientifização dessas práticas no interior dessa profissão, de modo a legitimá-las numa perspectiva biomédica, hegemônica no campo da saúde. Associa-se a isso o reduzido reconhecimento dos saberes, das habilidades e das disposições, sobretudo das Técnicas de Enfermagem para as quais se exigem escolaridade e formação profissional em nível médio e cujo trabalho de cuidado, considerado menos científico e importante, desenvolve-se mais próximo do corpo do outro.

Diversos estudos têm indicado a necessidade de trabalhar com o conceito de cuidado, entendido de modo geral e descritivo como uma relação social cujo objeto é o bem-estar do outro. Esses estudos reconhecem que o cuidado, como um conceito, deve ser desvelado na perspectiva das relações de poder, principalmente no que concerne ao trabalho dos grupos subalternizados, sobretudo das mulheres pobres. Entretanto, no Brasil e nos países da América Latina, ainda são incipientes os debates cuidadosos e aprofundados sobre o tema, associando-o a questões de gênero, poder e políticas sociais.

Iniciativas no Brasil (Waldow, 2010; Boff, 1999) têm revelado, também, um olhar encantado sobre o cuidado. Reconhecem, no entanto, o caráter contraditório dessa atividade, como é o mundo em que vivemos (Waldow, 2010). Nessas iniciativas o cuidado, como um ideal, é abordado de modo a sinalizar mudanças de paradigmas nas atitudes dos seres humanos, respondendo pelo convívio, solidariedade, amor e respeito.

A relevância desse tema para a sociedade e para os indivíduos não encontra, ainda, correspondência nas análises sociais, permanecendo invisível, embora seja a condição para o suporte à vida e para o bem-estar individual e coletivo.

Sobre as pesquisas com as técnicas de enfermagem e com as professoras/educadoras da Educação Infantil

Ao problematizar as práticas de cuidado e seu sentido como uma categoria de análise social, identificamos que o tema é abordado em diferentes disciplinas. As diferentes abordagens permitem abranger as dimensões econômica, psicológica, social e cultural dessa prática e de seus sentidos. A literatura contemporânea sobre o tema vem sendo desenvolvida, sobretudo, nos países anglo-saxônicos e, mais recentemente, no Brasil, na França e no México (Gilligan, 1997; Molinnier, 2004; 2008; Hirata, 2010; e Tronto, 1987, 1993, 2002, 2007). A literatura da Educação Infantil e da Enfermagem, em suas especificidades e em suas interfaces, nos ofereceu referências diretas e indiretas para a compreensão do cuidado. Na Educação Infantil, o próprio processo de construção da área nas últimas décadas do século XX, tanto no plano político quanto no âmbito acadêmico (também este, político), revela um debate em torno das condições, dos sujeitos e das políticas capazes de promover cuidado e educação a todas as crianças, sem hierarquização dessas duas funções intrinsecamente relacionadas ao trabalho com crianças de 0 a 5 anos (Silva, 2004, 2008). Nesse campo, alguns estudos focalizaram mais fortemente a questão, bem como buscaram compreender melhor o cuidado como prática social e como um dos pilares das relações entre adultos e crianças na Educação Infantil (Carvalho, 1999; Rosemberg, 1999, 2001, 2009; Monthenegro, 2001; Campos, 1994; Haddad, 1991, 2002; Maranhão, 1998; Maranhão e Sarti, 2008). Já na Enfermagem manifesta-se um debate que considera, do âmbito das hierarquias sociais, a divisão técnica do trabalho e as relações de gênero. Na área, encontramos as discussões de Lopes e Leal (2005); Lopes, Meyer e Waldow (1996); Waldow (1998, 2010); Sarti (1988, 2001a, 2005, 2007, 2010, 2011) e Maranhão (1998). Voltamo-nos para a compreensão do cuidado de forma ampla e descritiva, como sugere Hirata (2010), em termos de relação social de cuidado:

> Se quiséssemos definir de maneira muito rigorosa o que é o *care* [cuidado], seria: é o tipo de relação social que se dá tendo como objeto outra pessoa. Descascar batatas é *care* [cuidado], mas de uma forma muito indireta: é *care* [cuidado] porque preserva a saúde, o outro ser. Fazer com que outro ser continue com saúde implica cozinhar, alimentá-lo, pois precisa desse cuidado material, físico. Então, pode-se dizer que tudo faz parte do *care* [cuidado], mas aí não teríamos mais uma definição rigorosa de *care* [cuidado]. Deixar a casa limpa e agradável, deixar a cama cheirosa e agradável, passar o lençol, isso tudo pode fazer parte do trabalho de *care* [cuidado] da empregada doméstica ou da diarista, que deixa essas tarefas prontas. [...] Em números de 2009 (PNAD), seriam, no Brasil, 7 milhões e 223 mil pessoas em emprego doméstico, das quais 504 mil são homens e 6 milhões e 719 mil são mulheres. Será que podemos dizer que todas essas mulheres que fazem o trabalho doméstico remunerado são trabalhadoras de *care*? [cuidado] [...] Então, é importante estudar o que é o trabalho doméstico remunerado e o que é a relação social de cuidado, quando ele se profissionaliza (Hirata, 2010, p. 48).

Compreendemos que o cuidado é uma categoria não apenas útil para a compreensão da dinâmica das relações sociais, mas também uma prática social cujo conhecimento e valorização podem repercutir na qualidade das relações.

Com essa perspectiva, nos aproximamos das histórias de duas mulheres, uma técnica em enfermagem e uma educadora de creche. Histórias que revelam trajetórias singulares e coletivas, em que as práticas de cuidado são parte da socialização, constituindo um "saber--fazer" próprio das mulheres (Kergoat, 2003; Lopes e Leal, 2005).

É assim que Lúcia[1] e Nelcina, uma técnica de enfermagem e uma educadora infantil, se encontram neste trabalho por meio das análises de suas histórias, com foco no cuidado inerente às relações e à condição humana. Tão inerente quanto desigualmente distribuído entre as pessoas e os grupos sociais com base nas hierarquias de gênero, de classe e de raça (Tronto, 1987; Rosemberg, 1999).

Para a construção das suas histórias de vida, realizamos entrevistas narrativas. Nos encontros realizados com esta finalidade, procuramos provocar a narração por meio de questões que favorecessem a narrativa de certos acontecimentos e situações que julgávamos pertinentes ao objeto de estudo. Entendemos que suas histórias, contadas nesse contexto, são significações de si mesmas, do outro e do mundo, reconstruídas da memória num processo de recordação em que o mais importante a ser passado aos outros são as experiências vividas, com característica também de sabedoria prática (Teixeira e Pádua, 2006). Perguntas e pedidos, como "me conta um dia que você achou bom da sua infância", sucederam o pedido inicial: "conte-me a história da sua vida". Esse processo seguiu o que orienta Bertaux (1999) sobre o desenrolar da interação de modo a irmos desenhando, juntas, um quadro social.

[...] a medida que se avanza, los cuadros sociales se despejan poco a poco, se adivinan en las repeticiones de una conversación a otra, en la

---

1. Nome fictício, conforme acordo durante a pesquisa e registro no Termo de Consentimento Livre e Esclarecido aprovado pelo Comitê de Ética da UFMG.

evocación de las mismas presiones exteriores. El investigador empieza a saber por dónde va y, consecuentemente, modifica su interrogar. Numerosas preguntas de orden general se pueden eliminar (pues ya se conocen las respuestas) y se vuelve más interesante desplazar la atención hacia el nivel de lo simbólico (valores, representaciones y emociones), y sobre todo de lo concreto particular (historia personal, como disposición específica de situaciones, de proyectos y de actos) (Bertaux, 1999, p. 8).[2]

Assim, à medida que avançávamos na construção das histórias de vida dessas mulheres, voltávamos também a nossa atenção para a constituição das subjetividades e para a conformação dos sentidos que orientam as experiências de vida e, particularmente, as de cuidado dessas mulheres. A realização das entrevistas para a construção das histórias de vida ocorreu de formas distintas para cada uma das participantes da pesquisa. As entrevistas com Nelcina, educadora em uma instituição comunitária de Educação Infantil conveniada com a Prefeitura de Belo Horizonte, foram realizadas em seu local de trabalho, em 1999 (Silva, 1999). No caso de Lúcia, técnica de enfermagem, as entrevistas foram realizadas em 2011 (Dumont--Pena, 2012) em sua casa, contando, em alguns momentos, com a participação de outros familiares: suas filhas, sua mãe e seu pai. Além da participação direta dessas outras pessoas, foi possível também o contato com outros familiares, além do fato de conhecermos um pouco das relações em seu ambiente doméstico. Consideramos que essa condição, intencionalmente criada no contexto da pesquisa, fortaleceu nossa compreensão sobre sua trajetória e, específica-

---

2. [...] à medida que avançam, os quadros sociais se desvendam pouco a pouco, se revelam nas repetições de uma conversa a outra, na evocação das mesmas forças externas. O pesquisador começa a compreender o seu caminho e, consequentemente, modifica seu questionamento. Inúmeras questões de natureza geral podem ser eliminadas (já que as respostas já são conhecidas) e torna-se mais interessante desviar a atenção para o nível do simbólico (valores, representações e emoções), e especialmente do concreto particular (história pessoal, como disposição específica de situações, projetos e atos) (BERTAUX, 1999, p.8)

mente, sobre o caráter relacional e contextual dos sentidos que são atribuídos às ações de diferentes sujeitos.

No primeiro capítulo deste livro, situamos a discussão contemporânea do cuidado. Nele, apresentamos um diálogo entre os campos da Educação e da Enfermagem. No segundo capítulo analisamos, das histórias de vida construídas, as vivências de cuidado na infância. No terceiro, focalizamos a vida adulta e as responsabilidades com a família e com o trabalho de cuidado assalariado.

1
Construções contemporâneas do cuidado

1.1 Campo de estudos do *cuidado*

O cuidado como objeto de estudos tem sido debatido em diferentes disciplinas e, também, de forma interdisciplinar. No caso do campo político feminista, revela-se como um objeto do conhecimento sobre o qual se disputam os significados e suas implicações. Como explicam Guimarães, Hirata e Sugita (2011), o termo *care*, assim como trabalho e gênero, possui uma natureza multidimensional e transversal, encontrando semelhanças na maioria das línguas: no português, embora designe com mais frequência atitudes, é o verbo cuidar, significando ação (recentemente usado também para denominar ocupações como cuidadoras), que traduz melhor o *care*. Aproximam-se da tradução de *care* as expressões cotidianas *cuidar* e *tomar conta*, que designam ações diversas carregadas de sentidos e significados relacionados a crianças, maridos e idosos, exercidas, em sua maioria, por mulheres. Embora as pesquisadoras feministas discutam o *care* na tentativa de conceituá-lo, não existe um consenso sobre o que seja cuidar. Podemos dizer que a compreensão principal do tema relaciona-se a *ações e atitudes* que constituem a experiência das mulheres, as quais, por sua vez, são constituídas por essa experiência.

No único estado da arte que conhecemos sobre essa literatura, realizado por Hirata (2010), a autora percebe, nos atuais estudos sobre o tema, a ênfase nas discussões da ética e da política do cuidado. No que se refere à literatura com foco na ética, uma parte encontra-se traduzida para o português, e autoras com repercussão em diferentes países como Carol Gilligan e Nell Nodings têm sido citadas em estudos brasileiros de diversas áreas. Já estudos com foco na política ainda são bastante incipientes, e as reflexões de Joan Tronto (1993), principal referência para esse debate, são pouco conhecidas. Prosseguiremos a discussão orientadas por esses aspectos, destacando suas potencialidades, dilemas e desafios.

Os estudos da ética do cuidado

A obra de Gilligan (1997) intitulada *In a Different Voice: Psychological Theory and Women's Development*, cujo tema central é o desenvolvimento moral, é considerada um marco para a discussão do cuidado. Gilligan (1997) estava motivada a compreender por que, em pesquisas anteriores — principalmente nas pesquisas de Kohlberg, com quem ela trabalhava —, as meninas constantemente eram posicionadas em estágios inferiores de desenvolvimento quando comparadas aos meninos.

Gilligan (1997) e seus/as colaboradores/as realizaram pesquisas com crianças e adolescentes, propondo a discussão de dilemas éticos, como roubo e aborto. Apesar de também terem encontrado respostas diferentes entre as de meninas e de meninos, Gilligan (1997) interpretou que essas respostas não indicavam uma hierarquia no desenvolvimento moral e que o padrão de normalidade proposto por Kohlberg é que era parcial.

Gilligan (1997) percebeu que as meninas estariam desenvolvendo a moral não com base na ética da justiça, mas, sim, na ética que ela chama de *ética do cuidado,* que expressa a atenção voltada para relações próximas e não para princípios abstratos, mais direcionadas pela responsabilidade do que pelas regras. Gilligan (1997) constatou ainda que, ao guiarem-se pela voz ética do cuidado, as mulheres estariam a desenvolver a moral autodelimitadas pela relação com os/as outros/as e autoavaliadas por essas relações, constituindo sua identidade a partir dos relacionamentos. Já os homens, orientados pela ética da justiça, estariam a desenvolver a moral autodefinidos pela separação e autoavaliados em face do ideal abstrato de perfeição. Para a autora, com o desenvolvimento moral, da adolescência para a vida adulta, as mulheres deveriam reencontrar seus próprios desejos, fazer escolhas e construírem a independência dos outros; os homens, ao contrário, descobririam a importância da intimidade, dos relacionamentos e da afetividade.

Com esta perspectiva, Gilligan (1997) adverte que, como o padrão de normalidade estava definido com base na ética da justiça (inclinação relacionada pela autora ao fato de as pesquisas serem realizadas, sobretudo, com homens e por homens), a voz ética do cuidado foi muitas vezes considerada como inabilidade de quem a manifestava. Para Gilligan, essa consideração consistia precisamente em um problema de interpretação que levava à discriminação das mulheres. Assim, embora muitos estudos se refiram à "outra voz" como sendo a voz das mulheres, ou a moralidade das mulheres, uma leitura mais aprofundada das análises empreendidas por essa autora revela que a expressão diz respeito ao tema: *a outra voz ética*, sendo sua associação com o gênero um dado empírico e não absoluto.

Sobre isso, Gilligan (1997) elucida: uma vez que a voz ética do cuidado está voltada para circunstâncias concretas, ela é mais bem compreendida por meio das narrativas, que são contextualizadas e relativizáveis, narrativas nas quais as mulheres também manifestaram uma aparente confusão de ideias. Nessa confusão de ideias residiriam suas forças e suas fraquezas:

> A sensibilidade para com as necessidades dos outros e o fato de assumir a responsabilidade de tomar conta de outros levam a mulher a escutar outras vozes além da sua e a incluir nos seus juízos outros

pontos de vista. A fraqueza moral da mulher, manifestada numa aparente confusão e dispersão dos seus juízos, é inseparável da força moral das mulheres que é uma forte preocupação com relacionamentos e responsabilidades. A relutância em formar juízos pode, em si própria, ser reveladora do cuidado e da preocupação com os outros, que impregnam a psicologia do desenvolvimento das mulheres e são responsáveis pelo que é geralmente considerado como problemático na sua natureza (Gilligan, 1997, p. 33).

Consequentemente, além de analisar a ética do cuidado, o estudo de Gilligan contribui ao apontar possíveis discriminações das mulheres nos estudos anteriores da moral, o que representa uma crítica importante à ciência. No decorrer da obra, a autora traz outras contribuições com base na voz ética do cuidado para se pensar uma epistemologia feminista, questionando conceitos e interpretações atuais. Um exemplo é quando Gilligan (1997) se refere ao amadurecimento das pessoas, destacando a necessidade de rever o próprio conceito de idade adulta, que valoriza a separação do ser individual em detrimento da relação com os outros, "inclinando-se mais para uma vida autônoma de trabalho do que para a interdependência de amor e carinho" (Gilligan, 1997, p. 34).

Este diálogo entre a justiça e o cuidado para com os outros proporciona não só uma compreensão das relações entre os sexos mas também dá origem a uma representação mais completa das relações adultas no trabalho e na família (Gilligan, 1997, p. 270).

Nessa obra, embora Gilligan não estivesse preocupada em compreender as origens das diferenças de pensamentos entre mulheres e homens estudados, a autora inspira-se nos pressupostos das teorias diferencialistas de Nancy Chodorow para explicá-las. Segundo Chodorow (1990), o complexo edípico e o fato de as mulheres serem amplamente responsáveis pelo cuidado com as crianças gerariam certas diferenças gerais e quase universais entre a identidade masculina e a feminina.

A formação da identidade feminina realiza-se num contexto de relacionamento contínuo, uma vez que "as mães tendem a ver nas raparigas a sua imagem e continuação". Também, por seu lado, as raparigas, identificando-se como pertencentes ao gênero feminino, veem-se como semelhantes às mães, fundindo assim as experiências fornecidas pelo enquadramento com o processo de formação da identidade. Em contrapartida, "as mães veem os filhos — rapazes — como um opositor masculino" e os rapazes, ao identificarem-se com elementos do sexo masculino, separam as mães de si próprios, cortando assim "o seu amor primário e o sentido da ligação empática" […] as raparigas não se definem em termos da negação dos modelos de relação pré-edipiana, como acontece com os rapazes. Portanto, a negação destes modelos tende a não ser sentida como ameaça básica do seu ego (Chodorow, 1974 *apud* Gilligan, 1997, p. 19 e 20).

Essas associações, referentes à maternidade, à biologia e à psicologia, têm gerado controvérsias sobre o possível essencialismo do trabalho de Gilligan (Borgeaud-Garciandia, Hirata e Makridou, 2010). Frequentemente, a obra é citada como prova da existência de uma moralidade das mulheres (Tronto, 1993). Concordamos com Tronto (1987, p. 644) que o ponto de vista de Gilligan é sutil:

Por um lado, ela quer dizer que o seu argumento não ultrapassa a reivindicação de que o domínio moral deve ser estendido para incluir a justiça e o cuidado. Por outro lado, ela também observa que o foco no cuidado é, caracteristicamente, um fenômeno feminino das populações que nos estudos foram desfavorecidas (tradução nossa).

Sustentadas pelas críticas de Scott (1990) e Carvalho (1999), reconhecemos na teoria de Gilligan a concepção reducionista de gênero como sinônimo da relação entre homens e mulheres e entre público e privado. Nela, as mulheres e o privado são identificados de forma restrita com a vida doméstica e familiar e com o trabalho gratuito, sendo tais elementos, por sua vez, associados a valores tidos exclusivamente como positivos. No oposto, estão o público e os homens, também limitados à vida pública e ao trabalho assalariado e relacionados aos valores negativos. Esses pressupostos, embora nos ajudem a compreender muitos elementos vinculados ao gênero, desconsideram outros sistemas sociais, econômicos, políticos, enfim, outras esferas de poder. Dessa forma, permaneceram invisibilizados os possíveis elementos opostos a essas associações, como o trabalho assalariado no âmbito doméstico, por exemplo, como é o caso das empregadas domésticas.

Como podemos explicar, no interior dessa teoria, a persistente associação entre masculinidade e poder, o fato que se valoriza mais a virilidade que a feminilidade? Como podemos explicar o fato de que as crianças aprendem essas associações e avaliações mesmo quando elas vivem fora dos lares nucleares ou dentro de lares onde o marido e a mulher dividem as tarefas parentais? Eu acho que não podemos fazer isso sem dar uma certa atenção aos sistemas de significação, isto é, às maneiras como as sociedades representam o gênero, utilizam-no para articular regras de relações sociais ou para construir o sentido da experiência (Scott, 1990, p. 81 e 82).

Nesse sentido compreendemos que, como uma organização social das diferenças sexuais, gênero não significa diferenças físicas fixas e naturais entre homens e mulheres mas sim que gênero é o saber que estabelece significados para as diferenças corporais. Esses significados variam de acordo com as culturas, os grupos sociais e no tempo [e também as condições objetivas de existência], já que nada no corpo, incluídos aí os órgãos reprodutivos femininos, determina univocamente como a divisão social será definida. Não podemos ver a diferença sexual a não ser como função de nosso saber sobre o corpo e este saber não é 'puro', não pode ser isolado de suas relações numa ampla gama de contextos discursivos. A diferença sexual não é, portanto, a causa original da qual a organização social possa ser derivada em última instância — mas sim uma organização social variada que deve ser, ela própria, explicada (Scott, 1994, p. 13).

Sabemos, porém, que o corpo e, sobretudo, o órgão reprodutivo da mulher têm sido utilizados nas sociedades ocidentais como símbolo para se estabelecerem regras para o gênero. Ou seja, com base numa concepção naturalizante dos sexos têm sido normatizadas principalmente a sexualidade, a função reprodutiva e a divisão sexual do trabalho. Igualmente, as subjetividades são permeadas pelos significados de feminilidade e masculinidade que funcionam como um ideal, constituindo sentidos para as experiências, tanto das mulheres quanto dos homens. Dessa forma, ao se aproximar do ideal de feminilidade reconhecido pelo senso comum, a teoria de Gilligan nos ajuda a compreender uma série de modos de ser e pensar que constituem a experiência das mulheres, porém sem que sejam incluídas a dinâmica dos processos, a diversidade e as ressignificações, apropriações e transformações individuais ou coletivas dos modelos predominantes.

Os estudos do cuidado na perspectiva política

Joan Tronto é a principal referência para o debate sobre o cuidado atualmente na França (Hirata, 2010), e, no que se refere ao Brasil, embora tenha um artigo no livro traduzido como *Gênero, corpo, conhecimento*[1] e outro na *Revista Sociedade e Estado*[2], suas ideias são pouco conhecidas, principalmente se comparadas às de Gilligan. Concordamos com Borgeaud-Garciandia, Hirata e

---

1. JAGGAR, Alison M.; BORDO, Susan R. (Eds.). *Gênero, corpo, conhecimento*. Tradução de Britta Lemos de Freitas. Rio de Janeiro: Record/Rosa dos Ventos, 1997.

2. TRONTO, Joan. Assistência democrática e democracias assistenciais. *Sociedade e Estado*, Brasília, v. 22, n. 2, p. 285-308, maio/ago. 2007.

Makridou (2010), que afirmam que Joan Tronto contribuiu para a discussão do cuidado, principalmente ao ampliar a análise para além de uma suposta moralidade das mulheres e também para além das subjetividades, introduzindo a dimensão da ação.

Tronto (1987) reconhece que a interpretação de Gilligan é potente, visto que ela percebe uma parte da vida das mulheres que não era levada a sério: o seu desenvolvimento moral, relacionado às suas experiências de cuidado. No entanto, retoma diversas pesquisas realizadas nos Estados Unidos e nota que essa parte da vida que não estava sendo levada a sério não dizia respeito somente às mulheres, mas também aos/às oprimidos/as da sociedade — seja pelo sexo, seja pela raça e/ou pela classe —, uma vez que esses fatores, em conjunto, distinguem nas sociedades ocidentais as pessoas que cuidam (Tronto, 1987).

Com essa perspectiva analítica, Tronto (1987) afirma que a voz ética do cuidado associa-se à condição social das pessoas, questionando as explicações "psicologizantes" que estavam sendo vinculadas à teoria de Gilligan. Questiona também o mau uso dela, como se ela se referisse a uma moralidade das mulheres. Para essa autora, o aspecto psicológico exerce uma influência secundária. De acordo com Tronto (1987), os trabalhos de Gilligan, como a maior parte das teorizações feministas, seriam limitados por referenciarem-se nas experiências e nas ideias das mulheres brancas, das camadas média/alta e heterossexuais, estando também passíveis de tendências e, consequentemente, passíveis do mesmo tipo de crítica dirigida a Kohlberg por Gilligan.

Abordada na perspectiva social e não apenas psicológica, a ética do cuidado tem outras implicações (Tronto, 1987): a primeira possível interpretação é que, se a teoria de Kohlberg sobre o desenvolvimento moral com base na justiça estiver totalmente correta, as mulheres e os demais grupos subalternizados teriam um desenvolvimento moral inferior que, lamentavelmente, seria reflexo de uma ordem social desigual. A segunda interpretação rejeita a passividade dos/as agentes, afirmando que eles/as se apegariam com orgulho aos seus pontos de vista morais, ainda que sejam considerados menores pela sociedade, de modo a afirmar as suas particularidades. E uma terceira possibilidade, considerada adequada por Tronto (1987), rejeita a hipótese da ética da justiça como sendo superior à ética do cuidado. Ela entende, no entanto, que as mulheres e os demais grupos subalternizados ocupam posições muito diferentes na ordem social, as quais justificam e são justificadas pela posição desigual em relação ao papel de cuidadoras/es em nossa sociedade. Em termos éticos, esses grupos são favorecidos por suas experiências diárias, e, na situação contrária, para os homens e algumas mulheres privilegiados/as, a escassez das experiências de cuidados os desfavorece moralmente (Tronto, 1987).

Como dissemos, Tronto (1993) não só abordou a voz ética do cuidado diferenciando-a da moralidade das mulheres, como também apreendeu o cuidado como uma prática. Para a autora, o cuidado é ao mesmo tempo subjetividades e ação, inter-relacionadas e direcionadas para um mesmo fim. Esse conjunto configura atividades que, por sua vez, possuem aspectos universais e particulares, conflituosos e que demandam recursos, e suas análises são capazes de fornecer padrões com os quais poderíamos julgar o quão bem integrado seria o cuidado numa realidade específica (Tronto, 1993).

Nessa perspectiva, o cuidado é visto como uma atividade universal na medida em que é próprio da condição humana: embora algumas pessoas sejam mais vulneráveis e dependentes do que outras, todos nós somos vulneráveis e precisamos de cuidados para manter, continuar e reparar nossas vidas (Tronto, 1993). Esse olhar culmina em duas situações: por um lado, requer que sejam pensadas as relações de cuidado para além da dicotomia "cuidadores/as *versus* os/as que recebem cuidados", o que demanda a difícil compreensão de que ninguém é totalmente autônomo. Por outro, esse mesmo olhar traz à tona uma injustiça: apesar de todos/as precisarmos de cuidados, nas sociedades ocidentais sabemos que nem sempre todos/

as cuidam, tendo sido essas atividades historicamente designadas aos/às subalternizados/as: as mulheres, os escravos e os pobres em geral (Tronto, 1993).

Constituído na modernidade como um serviço — em sua maior parte voltado para as crianças, os/as enfermos/as e os/as idosos/as —, o cuidado absorveu, de forma precarizada, parte expressiva da mão de obra das populações subalternizadas no mercado de trabalho. No Brasil, como em outros países, a progressiva constituição desse serviço relaciona-se ao processo de mudança nos modelos e configurações das famílias, distanciando-os do modelo tradicional (homem provedor, mulher responsável pelos afazeres domésticos e mãe) na medida em que mulheres e homens se inserem no mercado de trabalho. As mudanças nesse campo da vida social não alteram, no entanto, os cuidados com a família que permanecem, em grande medida, realizados apenas pelas mulheres (Sorj, Fontes e Machado, 2007).

Apresentado como parte da condição humana, o cuidado tem suas particularidades por se referir a atividades que buscam alcançar formas de "viver da melhor maneira possível", sendo esse "melhor" caracterizado por Tronto (1993) como referente às necessidades, amplamente definidas pela cultura, podendo se constituir sob a forma de direitos. Isso não significa que, ao se caracterizarem como necessidades de cuidado, todas as atividades culturais devam ser aceitas do ponto de vista ético. Nesse aspecto, o cuidado significa uma referência sob a qual as disputas podem ser construídas, pondera Tronto (1993).

A categoria gênero adquire centralidade na construção da relação social que constitui o cuidado, na medida em que essa prática é naturalizada como decorrente de modos de sentir e de agir das mulheres. Essa forma de conceber e tratar o cuidado define-se, sobretudo, no âmbito das relações sociais de sexo, incidindo sobre o lugar das relações de cuidado e a probabilidade de os indivíduos comportarem-se de uma maneira significativamente determinável.

É necessário ponderar que a centralidade da categoria gênero só é possível no nível da análise sociológica, uma vez que as relações sociais de gênero, de classe e de etnia são consubstanciais e coextensivas, ou seja, elas se entrecruzam de forma dinâmica, ajustam-se e constroem-se e, ainda que tenham contradições entre si, estruturam a totalidade do campo social (Kergoat, 2010) Nesse sentido, Kergoat (2010) destaca que o cuidado é um instrumento precioso para observar a dinâmica das relações sociais. Como diz a autora, atualmente nessas atividades é possível notar, por exemplo, uma "radicalização e extensão qualitativa e quantitativa das relações de classe" (Kergoat, 2010, p. 102): tem-se, pela primeira vez na história do capitalismo, uma classe de mulheres cujo capital econômico, social e cultural aumentou pela entrada no trabalho assalariado e que, sem a mediação direta dos homens (pais, maridos, amantes), são empregadoras de outras mulheres. Estas, por sua vez, são empregadas em serviços notadamente flexíveis, precarizados e com demanda cada vez maior das suas subjetividades, o que representa uma "irrupção de uma oposição de classe direta" (Kergoat, 2010, p. 102) entre mulheres.

1.2 Elos entre Educação e Enfermagem

O cuidado no campo da Educação Infantil

No campo da Educação, é com a Constituição de 1988 que temos o reconhecimento de direitos de crianças menores de 7 anos à educação assegurada pelo Estado, ultrapassando, assim, a concepção de criança de 0 a 6 anos como objeto de tutela (Cury, 1998; Craidy, 1994). A educação formal passa a incorporar os sujeitos, desde bebês até crianças de 6 anos, e, entre as instituições educacionais, a creche e a pré-escola.

No movimento de especificação e de tradução dos direitos constitucionais, na década de 1990, o Estatuto da Criança e do

Adolescente — ECA (Brasil, 1990) — e a Lei de Diretrizes e Bases da Educação — LDB (Brasil, 1996) — não apenas confirmam que bebês e crianças pequenas têm direito a contar com educação e cuidado em instituições públicas, como essa etapa da educação foi definida como a primeira da Educação Básica, embora não obrigatória. Este último aspecto vai se modificar em 2009 por meio da Emenda Constitucional n. 59, que tornou obrigatória a escolarização de crianças e jovens entre 4 e 17 anos (Brasil, 2009).

No final da década de 1990, foram elaboradas as Diretrizes Curriculares Nacionais para a Educação Infantil (Brasil, 1999) e, em 2009, elas foram atualizadas por meio de nova Resolução (Brasil, 2009a) que refletiu os avanços nos debates da área, as mudanças normativas relativas à duração da Educação Infantil e do Ensino Fundamental, bem como a inclusão de diretrizes para a Educação Infantil do campo, dentre outras especificações. Esse conjunto de instrumentos normativos expressa as concepções que vêm sendo construídas desde os anos 1980. Neles, verifica-se a prevalência da concepção que considera como um processo indissociável o cuidado e a educação das crianças em Instituições de Educação Infantil. Outra característica fundamental refere-se à ideia de complementaridade e compartilhamento, entre família e Instituições de Educação Infantil, dos cuidados e da educação das crianças.

Trata-se de concepções que se constituíram nas lutas sociais para o reconhecimento dos direitos das crianças. Essas lutas envolveram militantes e estudiosos dos direitos de meninos e meninas, os quais se dedicaram a construir referências sobre as finalidades dessa etapa da educação ainda no período anterior ao seu reconhecimento legal. Nesses debates, os sentidos das práticas de cuidado como responsabilidade pública constituíram-se em dimensão central a ser esclarecida e tornada positiva (Silva, 2008; 2016).

Nos debates sobre a Educação Infantil, está presente a discussão sobre o cuidado e a educação das crianças de 0 a 5/6 anos e suas relações com os grupos subalternizados da sociedade brasileira. Tanto os estudos históricos quanto aqueles que se dedicam à compreensão da realidade presente reconhecem pelo menos duas trajetórias paralelas que a atenção às crianças pequenas seguiu no Brasil. Tais trajetórias foram analisadas por meio da identificação dos sujeitos aos quais se destinavam. A creche, vinculada aos serviços de Assistência Social — intermitentes, descontínuos, sem fontes claras de financiamento e sem finalidades claramente definidas (Rosemberg, 1992) —, constituiu-se como instituição por excelência de acolhimento da criança pobre. Em suas origens (final do século XIX), foi claramente orientada para a ação de guarda de crianças pobres, filhas de famílias consideradas, sob diversos pontos de vista, incompetentes para o cuidado das crianças. Sustentada no plano ideológico pelos discursos higienistas (Khulmann Jr., 1998; Vieira, 1986, 1988; Haddad, 1991), a creche deveria assumir também a função de ensinar as mães (incompetentes) a cuidar das crianças.

Já a pré-escola, concebida como serviço educacional, acolheu principalmente as camadas médias, especialmente por meio de escolas particulares, embora tenhamos, desde o início do século XX, uma pequena oferta pública, também usufruída especialmente por camadas médias da população (Kuhlmann Jr., 1998, 1999). Embora o debate sobre a pré-escola na metade do século XX tenha enfatizado seu caráter educacional, na década de 1970 verificou-se uma reorientação da política para o setor, baseada na ideia de uma pré-escola de massa, fundamentada nos princípios da educação compensatória (Rosemberg, 1992). Passou-se então a buscar as soluções de baixo custo, em que foram assumidas formalmente as funções de assistência, incorporando-se as novas recomendações da Organização das Nações Unidas para a Educação, a Ciência e a Cultura (Unesco) que, no início daquela década, adquirem essa perspectiva. Suas recomendações, assumidas pelo Ministério da Educação, compreendiam:

> [...] educação, nutrição e saúde (que) deveriam ser atendidas de forma integrada; utilização de espaços físicos da comunidade; a família e a comunidade fariam parte integrante das atividades de

educação pré-escolar, objetivando despertar a consciência sobre a importância da idade pré-escolar e o barateamento dos programas (Rosemberg, 1992, p. 25).

A partir dessas orientações e da proposta de extensão da educação pré-escolar nesses moldes, gestada pelo Ministério da Educação, a Legião Brasileira de Assistência (LBA) lança, em 1977, o Projeto Casulo. A base do atendimento desse projeto consistia no aproveitamento de espaços ociosos da comunidade e contava com pessoal voluntário e com estímulo à participação comunitária. A ênfase da atuação da LBA nessa área caracterizava-se pela oposição a soluções que demandassem um alto custo para criação e manutenção de creches para as crianças pobres (Vieira, 1986). Verifica-se uma mudança de perspectiva em que não mais se enfatiza a incapacidade das famílias, própria de uma perspectiva higienista, mas, reconhecendo-se a necessidade da creche, procurava-se fazer com que as próprias comunidades a assumissem.

A problemática do cuidado e educação das crianças pequenas aparece também nos discursos e reivindicações dos movimentos sociais, especialmente dos movimentos de luta por creche, relacionada à luta por melhores condições de vida para as famílias das periferias urbanas (Gohn, 1985; Dias, 1995; Veiga, 2001; Silva, 1999, 2004, 2008; Filgueiras, 1992; Rosemberg, 1989). O desordenado processo de urbanização, com a consequente precarização das condições materiais de vida de expressivo número de famílias, significou a formação de uma camada empobrecida e distante de redes de apoio familiares, capazes de oferecer suporte para o cuidado e educação das crianças. O recurso a creches públicas e, especialmente, comunitárias e filantrópicas, com parcos recursos, pessoal não qualificado e pouco estável, despertou preocupações relativas aos impactos no desenvolvimento saudável das crianças.

Nota-se, assim, que a tematização do cuidado no espaço público — como um campo de disputas — se faz fundamentalmente por meio da crítica à desigualdade que gerou a necessidade do atendimento e que se reproduz pela precariedade deste.

No plano acadêmico e, também, dos processos identitários da instituição de Educação Infantil e de seus/suas professores(as), a discussão do cuidado se faz presente como eixo das políticas para a Educação Infantil e como categoria central da pedagogia para a Educação Infantil (Brasil, 2009A; Rocha, 2001). Essa proposição é resultado de intenso debate em diferentes campos sociais envolvendo interesses e concepções também distintos e, por vezes, antagônicos (Silva, 2004; 2008; Rosemberg, 1989). Retomar alguns desses debates nos parece oportuno e útil para a discussão do cuidado como prática social que envolve, além da Educação, outros campos igualmente importantes, como o da saúde, também problematizado neste livro.

Uma ideia-força presente desde a criação das primeiras creches é a de substituto materno. Estudos realizados ainda nos anos 1970, especialmente por estudiosas do campo da psicologia preocupadas com os impactos da separação entre mãe e filha(o) nos primeiros anos de vida, constituiu-se em importante movimento de atenção às demandas sociais emergentes naquele período. Os estudos de Rossetti-Ferreira, responsável pela introdução, no Brasil, de importantes referenciais para a análise do desenvolvimento humano, colocaram em debate a *interação entre fatores biológicos, socioeconômicos e culturais no desenvolvimento mental e desempenho escolar*, em um primeiro momento com foco na *criança desnutrida* (Rossetti-Ferreira, 1979). Tais estudos, conforme Darahem, Silva e Borges (2009), não apenas inauguraram as reflexões sobre os ambientes coletivos como espaços de desenvolvimento, como também problematizaram concepções construídas em estudos experimentais, incapazes de aprenderem a complexidade das diferentes condições de interação possíveis para as crianças nas sociedades contemporâneas. Ultrapassando as explicações que compreendiam o apego à mãe como a única razão para as dificuldades de desenvolvimento das crianças pobres, cujas mães trabalhavam fora de casa, tais estudos, posteriormente ampliados por referenciais de outros campos do conhecimento como a antropologia, a etnografia, a sociologia e a economia, permitiram denunciar que as defasagens verificadas deveriam ser analisadas tendo-se em consideração a qualidade dos ambientes oferecidos a essas crianças, além de fatores externos à instituição de atendimento. As pesquisas demonstravam, diante das políticas (ou da falta delas) de atendimento até então empreendidas, a pobreza dos recursos materiais disponíveis e a baixa qualidade das interações das pessoas que assumiam os cuidados com as crianças em creches e demais instituições de acolhimento. Observou-se que, em sua maioria, esse atendimento contava com mulheres das comunidades pobres, com baixa escolaridade e sem formação específica para cuidado e educação de crianças em ambientes coletivos.

O modelo de substituto materno sofreu também a crítica feminista, na medida em que, ao considerar a necessidade de serviço de cuidado substituto à mãe, reforçava a ideia de que a mulher/mãe era a única capaz de cuidar das(os) filhas(os), contribuindo para tornar naturais a divisão sexual do trabalho e suas consequências de desigualdade entre homens e mulheres nas diferentes esferas da vida (Rosemberg, 1989).

Assim, ao lado da crítica que recusava a exclusividade da mãe como única capaz de prover cuidados adequados à criança, tais estudos direcionaram o foco das análises do desenvolvimento para a qualidade das experiências proporcionadas às crianças. A crítica feminista à vinculação da creche como necessidade de crianças cujas mães trabalhavam fora de casa abordou tanto seu impacto sobre a continuidade de políticas para o setor quanto o que concerne à identidade do atendimento (Rosemberg, 1989). A mesma autora denunciou a perspectiva da cientifização das relações mãe-filha(o) como o único modelo desejável de socialização das crianças, desenvolvido pelas teorias psicológicas no pós-guerra. Ela destaca especialmente suas repercussões sobre as mães, as quais tendiam a um sentimento de culpa por não assumirem elas mesmas os cuidados das(os) filhas(os), e a consequente desvalorização daquelas que cuidavam de crianças em instituições.

Publicado no início da década de 1990, o trabalho de Lenira Haddad (1991) revela as tensões vivenciadas por uma instituição de cuidado e educação da criança de 0 a 6 anos, ainda nos anos 1980, em que se verificava a ausência de clareza de suas funções. Tais instituições organizavam-se nos moldes da rotina doméstica, estruturando-se menos pelas ações pedagógicas do que pelas rotinas de higiene e alimentação. Nesse estudo, assim como em outros que se dedicaram a compreender o atendimento em creche no período anterior à sua regulamentação, os conflitos entre "educadores" e familiares das crianças eram constantes, expressos, sobretudo, na crítica dos primeiros à suposta ausência de cuidados básicos com as crianças no ambiente doméstico.

A consolidação das creches comunitárias nas comunidades vulneráveis levou a pequenas conquistas, como convênios com órgãos públicos. A maior visibilidade social das suas práticas e lutas contribuiu também para o fortalecimento da defesa das condições políticas desses atores para assumirem, no espaço público, o cuidado e a educação das crianças. Era comum encontrar entre as lideranças dos movimentos de luta por creche a defesa de que as comunidades, por conhecerem os próprios problemas, eram capazes de organizar e realizar o atendimento, preservando dimensões culturais dos processos de cuidado e educação das famílias, o que não significa que não reivindicassem formação para os educadores (Silva, 2004; 2008).

Como dito no início deste tópico, todo esse movimento (tenso, às vezes contraditório) culminou no reconhecimento por parte do Estado de que cuidar de crianças e educá-las em espaços coletivos é um direito, em oposição às justificativas anteriores associadas à ideia de *mal necessário*, de compensação de carências e de incompetência das famílias. Tal reconhecimento impôs o deslocamento das energias para a qualificação do *que* consiste o cuidar (e também o educar) de bebês e de crianças pequenas em espaços coletivos. Outros elementos se interpuseram. Discussões sobre currículo, propostas pedagógicas, organização dos espaços e dos tempos e, com grande ênfase, o reconhecimento da necessidade de que as pessoas que se responsabilizam pelo cuidado e educação das crianças, em Instituições de Educação Infantil, deveriam contar com escolaridade elevada e formação específica para o trabalho passaram ao centro dos debates na área.

A Educação Infantil esforça-se, assim, por constituir-se como área de conhecimento no campo da Educação. Esse movimento não se dá como mera busca de integração ao campo, mas como construção de nova forma de se pensar a socialização das novas gerações, as relações familiares, a condição da mulher e o papel das instituições educativas no mundo contemporâneo (Gomes, 1994; Silva, 2004).

O processo de construção da área da Educação Infantil como direito das crianças e das famílias no campo da Educação pautou--se também pela consideração da especificidade da fase de desenvolvimento humano compreendida entre o nascimento e os seis anos de idade, visando à elaboração de propostas pedagógicas que potencializassem e enriquecessem as experiências das crianças em espaços coletivos (cf., por exemplo, Oliveira et al., 1992). Nesse sentido, grande esforço foi e tem sido empreendido para tratar o acesso à creche e à pré-escola, especialmente à primeira, como um direito da criança (e não mais apenas uma necessidade da família pobre) e um dever do Estado. Dessa forma, a expressão *educar e cuidar* pretende expressar o que se entende como funções da Educação Infantil, e buscar a superação da forma dissociada com que as atividades relacionadas aos cuidados básicos e aquelas consideradas especificamente educativas foram tratadas ao longo da história.

Os documentos lançados pelo Ministério da Educação (MEC), especialmente na primeira metade da década de 1990, incorporaram essa forma de conceber a educação e o cuidado. O primeiro documento pós-reconhecimento constitucional do direito à creche e à pré-escola, elaborado com o objetivo de indicar elementos para uma política nacional de Educação Infantil, assim se expressava:

As particularidades desta etapa de desenvolvimento exigem que a Educação Infantil cumpra duas funções complementares e indissociáveis: cuidar e educar, complementando os cuidados e a educação realizados na família ou círculo da família (Brasil, 1994, p. 17).

Esse esforço em construir novas referências para a Educação Infantil no Brasil, com reflexos tanto na legislação atual sobre o tema como em grande parte dos documentos oficiais do Ministério da Educação produzidos na década de 1990, constitui-se em mais uma evidência do quanto são recentes essas concepções, o que, por sua vez, reafirma a distância entre elas e as práticas em Educação Infantil, especialmente se considerarmos a grande heterogeneidade que a marca em todo o país.

Ao longo da década de 1980 e início da década de 1990, foram intensos os debates sobre o perfil profissional para atuar na Educação Infantil. Esses debates antecedem as definições da atual LDB. Nela, o profissional para atuar em creches e pré-escolas foi definido como professor, formado em curso superior, admitindo--se, para a Educação Infantil e para os anos iniciais do Ensino Fundamental, a formação em nível médio, na modalidade normal (art. 62 da LDB n. 9.394/96).

Dentre os documentos lançados pelo MEC, o caderno *Por uma política de formação do profissional de educação infantil* (Brasil, 1994), produto do Encontro Técnico sobre Política de Formação do Profissional da Educação Infantil, apresenta artigos de especialistas da área, os quais evidenciam uma reflexão na direção da definição de um novo profissional. Evidencia-se a ênfase colocada sobre a formação geral, ao lado de conhecimentos sobre as características da criança de 0 a 6 anos de idade e de uma compreensão alargada do desenvolvimento humano. O esforço parecia concentrar-se na tentativa de proposição de um perfil profissional coerente com a ideia de que a Educação Infantil deve pautar-se pela indissociabilidade entre cuidado e educação. Assim, tanto o professor, formado em cursos de magistério ou de pedagogia, tendo sua formação mais voltada para os processos estritamente escolares, quanto as trabalhadoras que tradicionalmente atuavam nas creches públicas e comunitárias, cuja ênfase estaria colocada nos cuidados com as crianças, foram considerados inadequados (Campos, 1994).

Esse debate em torno da formação dos profissionais para atuarem no cuidado e na educação das crianças em creches e pré-escolas se fez e ainda se faz de modo a construir referências relativas aos saberes, às habilidades e às disposições necessários para a efetivação dos direitos das crianças. O trabalho educativo nessas instituições, a ser realizado pelas professoras e professores dessa etapa, compreende os cuidados com o corpo da criança e com o ambiente educativo. Essas atribuições trouxeram para o campo da educação e para a própria categoria profissional *professor* novos elementos. No entanto, atividades claramente entendidas como de cunho pedagógico são, em geral, compreendidas e apropriadas como parte do trabalho docente na Educação Infantil. Já as atividades de cuidado encontram resistências por parte desse grupo profissional desde os processos de formação até a organização, por parte de instâncias gestoras e de instituições educacionais, de carreira e de divisão de funções que segmentam o que se entende por cuidado e o que se entende por educação.

As pesquisas sobre as condições de trabalho do(a) professor(a) da Educação Infantil são ainda escassas, dificultando o conhecimento da organização do trabalho, da estruturação das carreiras e, especialmente, da institucionalização das funções de cuidado como parte da função docente nessa etapa da educação. Vieira e Souza (2010) destacam as tensões relativas a demandas e práticas de cuidado que se tornam ainda mais intensas quando se trata do atendimento em horário integral, trazendo novos desafios para a prática docente e para a organização e funcionamento das Instituições de Educação Infantil:

A análise de pesquisas sobre políticas municipais no país, realizadas no período de 1996 a 2008 (Vieira, 2009), assim como os resultados de debates que ocorrem em fóruns e encontros da área revelam algumas tensões políticas relacionadas: ao estatuto profissional atribuído ao professor/educador infantil e aos seus "auxiliares" nas redes de ensino; à inclusão da criança de zero a três anos nos programas de oferta pública de creches municipais diretas, acarretando a demanda de um novo perfil dos profissionais que articule o cuidado e a educação; à administração do atendimento às crianças em jornada de tempo integral, que gera desafios para a gestão do cuidado/ educação e para a organização do trabalho docente nas instituições educacionais (Vieira e Souza, 2010, p. 124).

As mesmas autoras, examinando os dados oficiais sobre a composição dos (as) professores da Educação Infantil no Brasil, constatam a permanência de mulheres nessa etapa da educação em índices superiores ao verificado para a Educação Básica. Com base no perfil do professor da educação básica (Carvalho, 2018), que sistematiza dados do Censo Escolar de 2017, são 96,6% de mulheres exercendo as funções docentes na educação infantil contra 88,9% e 68,9%, nos anos iniciais e finais do Ensino Fundamental, respectivamente. Observa-se que o estabelecimento de regras para formação profissional na Educação Infantil não alterou o quadro de função predominantemente feminina com baixíssima atração de professores do sexo masculino (Vieira e Souza, 2010). Esses dados nos permitem afirmar que a etapa da Educação na qual as funções de cuidado são reconhecidas como parte do trabalho docente e na qual os educandos são crianças pequenas mantém a histórica relação mulher-criança e, também, a atribuição do cuidado ao trabalho feminino.

O cuidado no campo da Enfermagem

No campo da Enfermagem, a discussão do cuidado e das questões de gênero tem muitas semelhanças com a Educação. Ainda que nos estudos e no cotidiano profissional a Enfermagem seja mencionada como uma profissão de cuidados ou uma profissão cujo cerne é o cuidado, nota-se que pouco tem sido estudado sobre a natureza do cuidar (Monthenegro, 2001; Waldow, 2010). O que observamos é a prevalência de estudos que focalizam o cuidado do ponto de vista técnico, tais como: cuidado para gestantes, para pacientes hipertensos, para crianças, dentre outros, nos quais são descritos e avaliados os procedimentos de forma a sistematizar as normas para as ações. Nesses estudos, o cuidado, apesar da sua importância, não está suficientemente definido.

Nesse campo, o cuidado começa a ser discutido como parte das reflexões sobre identidade profissional no início da década de 1980, com forte influência da sociologia francesa (Danielle Kergoat, Helena Hirata e também da brasileira Elisabeth Souza Lobo). Sobre esse aspecto, destacam-se as reflexões de Marta Júlia Marques Lopes, de Dagmar Estermann Meyer e de Vera Lúcia Regina Waldow, cujas pesquisas identificaram os vários dilemas da associação do cuidado, como a ação das enfermeiras em oposição à cura — ato médico — que, em sua maioria, é realizada por homens. Nesses estudos, com base no paradigma do trabalho doméstico, buscava-se compreender habilidades, valores e sentimentos do cuidado, sem que o conceito em si fosse aprofundado, tomando uma conotação semelhante à de *trabalho* na Enfermagem.

Atualmente, as pesquisas na Enfermagem tornaram visível a desvalorização das práticas de cuidado exercidas majoritariamente pelas mulheres. Além disso, denunciaram a prevalência de mulheres nessa atividade como parte da divisão sexual do trabalho da saúde que privilegiava o modelo biomédico, cuja centralidade está nas tecnologias, na racionalidade e no tratamento/cura, relacionados a

funções masculinas. Observou-se também que a própria Enfermagem, numa tentativa de valorizar-se, tendia a uma absorção crescente
de procedimentos auxiliares de tratamento/cura como, por exemplo,
atendimento de parada cardiorrespiratória, consulta de Enfermagem
e exames diagnósticos, considerados mais complexos e importantes.

Como dissemos, ainda que o cuidado fosse apresentado como
parte das análises, o conceito em si é relativamente novo na Enfermagem brasileira (Waldow, 2010). Uma exceção é encontrada nos
estudos da pesquisadora Vera Regina Waldow, cujos consistentes
trabalhos sobre o cuidado, iniciados em 1990, culminaram no livro:
Cuidar: expressão humanizadora da enfermagem, publicado em 2010.

Mais recentemente, apesar de reconhecer o crescente interesse pelo
cuidado na Enfermagem, identificam-se interpretações vagas, difusas
e ambíguas e, inclusive, falta de estudos e pesquisas, estas últimas
de forma a relevarem a perspectiva dos pacientes (seres cuidados),
maneiras de cuidar e percepção de cuidado por parte dos técnicos
e auxiliares de Enfermagem (seres que cuidam) que contemplam
metodologias variadas privilegiando o meio ambiente e aspectos
políticos do cuidado (Waldow, 2010, p. 19).

O livro de Waldow (2010) traz uma revisão detalhada da
discussão do cuidado na Enfermagem, sobretudo dos países anglo-
-saxões, nos quais a discussão se concentra. Nessa revisão, Waldow
(2010) destaca que, na Enfermagem, duas teorias do cuidado têm
repercutido mundialmente, sendo elas: a Teoria Transcultural de
Enfermagem, de Madalene Leininger, e a Teoria Transpessoal, de
Jean Watson.

Na teoria de Leininger (1991), o cuidado é uma essência do
ser humano. A autora estudou, numa perspectiva antropológica,
54 culturas do ocidente e oriente, nas quais identificou 175 cons-
tructos do cuidado, que ela distingue entre o cuidado genérico e
o profissional. Para Leininger (1991), o cuidado genérico seria

a forma com que se percebe e se experiencia o cuidado e o não cuidado no âmbito doméstico e familiar; já o cuidado profissional seria as formas como as pessoas são expostas aos sistemas de saúde e atendidas por profissionais.

Para Watson (1988), o cuidado é um imperativo ideal e moral, abordando a Enfermagem como a ciência e filosofia do cuidado. Seus pressupostos são: cuidar pode ser demonstrado e praticado efetivamente somente numa relação interpessoal; o cuidado consiste na satisfação de certas necessidades humanas; cuidar inclui aceitar a pessoa como ela é. Watson descreve fatores que constroem a ciência do cuidar e as consequentes intervenções de cuidado: formação de um sistema de valores humanísticos-altruísticos; instilação de fé e esperança; cultivo da sensibilidade para consigo e com os outros; desenvolvimento de um relacionamento de autoajuda e confiança; promoção de sentimentos positivos e aceitação dos sentimentos positivos e negativos; utilização de um processo de cuidar criativo de resolução de problemas; promoção de ensino e aprendizagem transpessoal; desenvolvimento de um ambiente de apoio, proteção e/ou ajuda mental, física, social e espiritual; assistência de necessidades humanas; admissão de forças existenciais, fenomenológicas e espirituais.

Além de se debruçar sobre essas duas teorias, Waldow (2010) também descreve uma teoria própria. Para Waldow (2010, p. 87), cuidar, na Enfermagem, compreende:

> [...] os comportamentos e atitudes, demonstradas nas ações que lhe são pertinentes e asseguradas por lei e desenvolvidas com competência no sentido de favorecer a condição humana no processo de viver e morrer. O cuidado é o fenômeno resultante do processo de cuidar, o qual representa a forma como ocorre (ou deveria ocorrer) o encontro ou situação de cuidar entre cuidadora e cuidado.

Para ela, as competências necessárias ao cuidado em Enfermagem se traduzem por conhecimentos, habilidades e destreza manual, criatividade, sensibilidade, pensamento crítico, julgamento e capacidade de tomada de decisão. Entre os comportamentos e as atitudes se destacam: respeito, gentileza, amabilidade, consideração, compaixão, disponibilidade, responsabilidade, interesse, segurança e oferecimento de apoio, confiança, conforto e solidariedade.

As teorias apresentadas fazem parte das chamadas "Teorias de Enfermagem", presentes no Brasil a partir da década de 1970. Elas refletem a necessidade de se produzirem instrumentos de trabalho e de conferir dimensão científica e intelectual à profissão. Entre as Teorias de Enfermagem produzidas (aproximadamente 15 teorias, entre as mais utilizadas), atualmente, no Brasil, configuram-se como as mais estudadas a Teoria de Enfermagem Humanística, de Paterson e Zderad, a Teoria do Transcultural de Enfermagem, de Leininger, e a Teoria do Autocuidado, de Orem (Schaurich e Crossetti, 2010).

Ainda que tenham grande legitimidade no campo de estudos da Enfermagem, as teorias de Leininger e Watson no cotidiano de trabalho são quase sempre consideradas impraticáveis e obsoletas (Waldow, 2010). Concordamos com Meyer, Lopes e Waldow (1995) que essas teorias, de modo geral, voltaram-se para o cuidado numa esfera de análise ainda restrita, com limites bastante irregulares e sobrepostos a outros saberes, sendo pouco questionados a sociedade, o trabalho e as relações de poder.

Ainda nesse conjunto, destacamos o chamado Processo de Enfermagem (teorizado por Wanda A. Horta, 1968; 2005), também conhecido por Sistematização da Assistência de Enfermagem (SAE), que é constituído pelos seguintes passos: coleta de dados (histórico e exame físico), diagnóstico, planejamento, implementação e avaliação dos resultados (Horta, 1968; 2005). A SAE passou a se apresentar não apenas como um meio científico para solução de problemas, mas também como a forma de colocar toda a teorização da Enfermagem em prática, variando de acordo com a teoria escolhida, tornando-se um padrão "universal" para pensar a prática de Enfermagem no Brasil.

Em 2002, o Conselho Federal de Enfermagem (Cofen) declarou a SAE "como prática de um processo de trabalho adequado às necessidades da comunidade e como modelo assistencial a ser aplicado em **todas** as áreas de assistência à saúde" (Brasil, 2002, grifo nosso). Ficou estabelecido pela Resolução n. 272/2002 do Cofen e, mais tarde, pela Resolução do Cofen n. 358/2009 que a SAE deve ser utilizada em todas as instituições públicas e privadas de saúde do Brasil (Brasil, 2002, 2009b) e que esta é uma atividade privativa da Enfermagem de nível superior, devendo ser realizada para cada paciente a cada 24 horas (Brasil, 2002).

Na prática, o que acontece é que todos os dias os passos descritos por Horta (1968; 2005) (coleta de dados, diagnóstico, planejamento, implementação e avaliação dos resultados) devem ser feitos pela(o) enfermeira(o) de nível superior com cada paciente, o que implicou, em grande parte dos serviços, na criação de instrumentos — questionários de múltipla escolha — mais ágeis, uma vez que essas(es) profissionais também têm uma sobrecarga de trabalho de ordem administrativa. No cotidiano, também tem cabido às técnicas de enfermagem — que são as principais responsáveis pelo contato direto com o paciente e, portanto, mais próximo do corpo — preencher as partes dos dados físicos do paciente "para" as enfermeiras de nível superior.

Embora poucos estudos explorem a participação das enfermeiras técnicas na SAE, Longaray, Almeida e Cezaro (2008) observaram que essas agentes têm resumido suas ações ao preenchimento dos dados básicos da SAE e à execução da prescrição realizada pelas enfermeiras, tendo limitadas a criatividade e a autonomia. Também segundo essa pesquisa (2008), as técnicas e auxiliares de enfermagem consideram que a sistematização da assistência amplia a visão, organiza o cuidado, aproxima a equipe de Enfermagem e favorece a continuidade dos cuidados. Em contraposição, elas também apontam que estão mais vulneráveis às falhas na comunicação no interior da equipe de Enfermagem e consideram que é necessário que as(os) enfermeiras(os) (de nível superior) reavaliem suas prescrições no que diz respeito aos cuidados de Enfermagem, por serem repetitivas no que concerne aos cuidados básicos e pela forma imposta com que muitas vezes estas ocorrem (Longaray, Almeida e Cezaro, 2008).

No campo da Enfermagem, uma visão de cuidado restrita às ações imprime marcas distintas entre enfermeiras graduadas e enfermeiras técnicas/auxiliares, embora ambas estejam no cotidiano voltadas para as ações de cuidados de Enfermagem. As atividades mais práticas e mais próximas do corpo estão a cargo das enfermeiras técnicas, que, em sua maioria, são mulheres das camadas populares, desvalorizadas em relação às enfermeiras graduadas, de modo análogo às(aos) professoras(es) da Educação Infantil em relação às(aos) docentes dos níveis subsequentes da educação escolar. As enfermeiras graduadas, por sua vez, têm assumido a assistência de forma cada vez mais distante do corpo, voltadas para o diagnóstico e a cura (auxílio a procedimentos complexos e exames), ressignificando a própria prática da Enfermagem que se valoriza dentro de um modelo prescritivo e biomédico da saúde.

2

Meninas pobres do campo e da cidade:
cuidar, brincar e (até) estudar

2.1 Infância: "trabalho-castigo", violência e o "cuidado necessário"

No Brasil, antes mesmo de saberem o que é o castigo, muitas crianças são alocadas no "trabalho-castigo", que ganhou sentido no período pós-Revolução Industrial, depois que legiões de crianças passaram a ser consumidas no trabalho (Martins, 1993). Atualmente no Brasil, do ponto de vista legal, somente a partir dos 14 anos, os(as) adolescentes podem trabalhar na condição de aprendizes (Brasil, 2006a). No entanto, com grande frequência, os movimentos sociais, órgãos do Poder Judiciário e a mídia denunciam o trabalho infantil. Há uma parcela desse trabalho, porém, que pouco se contesta. Trata-se de 24% das meninas e 14,6% de meninos, de 5 a 9 anos de idade, que dedicam, em média, seis e cinco horas semanais, respectivamente, ao trabalho doméstico [e de cuidados], segundo os dados do Instituto de Pesquisa Econômica Aplicada (Ipea) (Brasil, 2012).

Essas crianças nos parecem ser a "ponta do *iceberg*" do "modelo de delegação" que, segundo Hirata e Kergoat (2007), descreve as novas configurações do trabalho das mulheres no Brasil e também na França e no Japão. Segundo as autoras, no país, o crescimento da presença de mulheres nas categorias profissionais de nível superior e executivo e a quase ausência de políticas familiares tornaram a externalização do trabalho doméstico e de cuidados um lugar--comum. Para realizar o seu trabalho profissional fora de casa, essas mulheres contratam faxineiras, empregadas, babás e cuidadoras de modo a substituírem-nas no "seu" trabalho em casa. Como um efeito dominó, as cuidadoras assalariadas — que também continuam responsáveis por garantir a manutenção da vida em suas residências — acabam tendo que delegar, quando isso é possível, as atividades domésticas e de cuidados a parentes consanguíneos, em geral irmãs, avós e filhas mais velhas (Sorj, Fontes e Machado, 2007).

Como uma das consequências dessa situação, muitas crianças são violentadas nas suas casas. Um levantamento do Ministério da Saúde, do Sistema de Vigilância de Violências e Acidentes (VIVA), registrou, em 2011, 14.625 notificações de violência doméstica, sexual, física e outras agressões contra crianças menores de dez anos no Brasil. A violência sexual contra crianças de até nove anos representa 35% das notificações. Já a negligência e o abandono têm 36% dos registros (Brasil, 2011).

É desse lugar que Lúcia, à época da entrevista com 32 anos, a mais velha de uma família de quatro filhas e um filho, começa a nos contar sobre seu tempo de criança. Na primeira entrevista, seguida de um breve relato de trabalho que veremos a seguir, como quem quer logo dizer algo, ela disse: *fui abusada...* Explicou que, por volta de três anos de idade, um primo da sua mãe passou a ajudar a tomar conta dela e de suas irmãs. Esse homem abusava sexualmente dela, de uma prima e de alguns primos do sexo masculino. Lúcia se ressente desse episódio e guarda certa mágoa de sua mãe, para ela, a responsável por essa situação.

Então minha mãe saía e ele tomava conta da gente. E assim, a gente falava com minha mãe, não chegava a falar o que ele fazia porque ele ameaçava, mas falava que não queria que ele nos olhasse mais, que era para procurar outra pessoa, e minha mãe [falava]: "Eu não tenho condições." [...] Nunca vi isso, colocar um homem para tomar conta de criança, cabeça do povo de antigamente! [...] Fiquei muito tempo com mágoa da minha mãe, aí minha mãe falou que eu precisava perdoá--la. No fundo minha mãe sabe. Quis sair de casa quando era pequena, porque na minha cabeça ela estava sendo conivente pelo fato de ela estar colocando ele lá dentro. Na época não parei para pensar se ela sabia realmente que ele fazia alguma coisa com a gente, ou não. Mas quando a gente tentava falar, nem ela nem meu pai davam ouvidos, então pensei assim: culpei ela. Culpei muitos anos, não conseguia, minha mãe era só [pedir a] bênção e tudo... comprava presente, mas aquele afeto não tinha não, sabe... nunca me fez nada, mas exatamente por eu associá-la a isso (Lúcia, 2011).

Antes de nos contar sobre a violência sexual, Lúcia falou sobre as necessidades de cuidados com a casa, justificando de forma breve o que, na sua avaliação, era *não infância:*

[...] Todos [os irmãos] escadinha [...] e eu era mais velha, então a responsabilidade era maior... porque, mesmo sendo criança, tinha que tomar conta dos outros, e isso estressou um pouco minha infância, porque praticamente não tive infância (Lúcia, 2011).

Até por volta dos seus três anos, quando nasceu sua segunda irmã, era a mãe dela quem cuidava de todas, já que o marido *não a deixava trabalhar fora.* D. Elisa, mãe de Lúcia, completa dizendo que *era difícil* em razão de ter um filho seguido do outro. Ela voltou a trabalhar fora de casa para ajudar na manutenção da família quando, em 1983, Sr. Cândido, pai de Lúcia, ficou desempregado.

Essa realidade, vivida na periferia de uma grande cidade, não é privativa dos espaços urbanos, e expressa as condições de vida da parcela mais pobre da população também no meio rural e em período anterior ao vivenciado por Lúcia. Tendo nascido na década de 1950, Nelcina, com 50 anos na época da entrevista, relata seu tempo de infância marcado por poucas brincadeiras e, sobretudo, pelo trabalho e pelo envolvimento de todos com o sustento da família e pela sua participação no cuidado com os irmãos menores. Na experiência de Nelcina não há contornos claros entre a infância e a idade adulta, entre cuidar e ser cuidado. Viver e trabalhar eram, muitas vezes, uma aventura:

> *Todo mundo, até aqueles bebezinhos, a gente punha debaixo do pé de café. Nossa, era um horror! Teve uma vez que uma cobra quase que pegou a minha irmã dentro do balaio. Nossa, o resto do dia foi uma tristeza* (Nelcina, 1999).

Tânia Dauster reflete sobre a naturalização do trabalho das crianças nas famílias pobres, identificando-a como parte de uma relação de reciprocidade que rege as relações no interior da família. Cynthia Sarti, recorrendo aos estudos de Dauster (1992), afirma:

> [...] pode-se dizer que o que define as crianças, é que ainda não participam das obrigações familiares, não trabalham, nem se ocupam das atividades domésticas, etapa cujo início depende das condições de vida familiares, tornando difícil delimitar a "infância" entre os pobres. A regra é que as crianças, desde muito cedo, com 6 ou 7 anos, tenham atribuições dentro da família (Sarti, 1996, p. 51-2).

O relato de Nelcina evidencia o que foi observado por Durhan (1973) sobre a importância econômica do grupo doméstico. Essa autora afirma que "no Brasil rural, o trabalho agrícola foi e é, essencialmente, uma atividade familial [...] fora da qual não há vida econômica estável" (Durhan, 1973, p. 60).

Conforme o relato de Nelcina, essa constatação é confirmada pela experiência de sua família. Seu pai era um trabalhador rural que trabalhava sob os vínculos de trabalho temporário. Como já demonstrado pela literatura (Martins, 1989), a sazonalidade e as precárias condições de trabalho no campo submetiam (e ainda submetem) famílias inteiras à vulnerabilidade expressa pelo deslocamento para os locais de plantio ou colheita, pela interrupção dos estudos das crianças e pelo envolvimento delas no trabalho produtivo. Assim, o trabalho da mulher, nesse caso, como descrito anteriormente em relação à família de Lúcia na área urbana, soma-se ao do homem como forma de assegurar o mínimo necessário à sobrevivência. Diferentemente da situação urbana vivida por Lúcia, no caso da família de Nelcina na zona rural, as crianças acompanhavam a mãe no trabalho da roça. As maiores envolviam-se diretamente na atividade produtiva, enquanto as menores permaneciam próximas. Nessas duas realidades, observa-se a situação que tem como uma de suas consequências a exposição das crianças, desde muito cedo, a riscos decorrentes da ausência de cuidadores adultos por perto e/ou da exposição a condições inadequadas ao acompanharem os pais no trabalho como descrito nos relatos de Lúcia e de Nelcina, respectivamente.

Essas duas famílias encontraram formas de oferecer às crianças abrigo, alimentação e higiene segundo as condições de que dispunham. Observam-se nas duas realidades (urbana e rural) formas distintas de prover o chamado "cuidado necessário" (Tronto, 2013).

No caso da experiência de Lúcia, com idade entre três e quatro anos, ela passou a ter que *se virar* com as irmãs e o irmão. Como Dona Elisa, sua mãe, tinha de *trabalhar fora em casa de família* e também manter a ordem da casa, precisava garantir que essa atividade fosse realizada. Então, com frequência, a alternativa era deixar Lúcia com suas irmãs trancadas em casa para que cuidassem umas das outras. Eventualmente, quando era possível pagar, Dona Elisa contratava as suas irmãs ou outros parentes para, em momentos específicos, irem até a casa ajudar as crianças com a comida, o banho, levar para a escola, atividades que elas não conseguiam fazer sozinhas. Dona Elisa saía de sua residência às sete horas da manhã e só voltava em torno das sete horas da noite. Depois de fazer as faxinas, passava na *venda* e comprava os alimentos para fazer o jantar e o almoço para o dia seguinte. Quando não estava *fazendo bicos*, o Sr. Cândido, pai de Lúcia, *tomava conta* delas e costumava levá-las à igreja. Era uma das poucas vezes em que saíam de casa, e Lúcia lembra-se com satisfação das outras vezes em que isso acontecia: para *acompanhar o pai ao trabalho ou levar comida para ele.*

No caso da família pobre em área rural, como era o caso da família de Nelcina, a própria casa se deslocava para o local de trabalho, aprofundando a precariedade das condições de habitação durante todo o período dedicado ao plantio ou à colheita conforme a época do ano. O trecho a seguir evidencia tais condições:

> *Na roça, eles falam "tuia", que é onde guarda o mantimento que colhe. Eles desocupavam um espaço e ali a gente ficava. O fogão era de lenha mesmo. Ali a gente fazia a comida, do lado de fora. Aquele cômodo era só para dormir ou para descansar de dia, ou se tivesse chovendo, qualquer coisa assim... Aí ela [a mãe] fazia a comida. A gente fazia tudo correndo, [...] e ia para a roça, levava a comida para o pai, e já ficava lá* (Nelcina, 1999).

Nos demais períodos do ano, o trabalho da mulher e das crianças permanece. A mãe de Nelcina lavava roupas para outras famílias, mas o fazia buscando proteger-se e às filhas de condições consideradas por ela humilhantes, como se pode depreender do relato de Nelcina:

> *Minha mãe não gostava que a gente trabalhasse na casa dos outros, porque o pessoal lá humilhava muito as pessoas que trabalhavam. Ela preferia que a gente lavasse roupa para fora, era mais fácil* (Nelcina, 1999).

Sobre esse aspecto, observam-se, na experiência dessas duas mulheres, diferenças nas situações de cuidado marcadas, no caso de Lúcia, pelas condições de vida nas periferias urbanas e, no de Nelcina, por uma família de trabalhadores rurais. O trabalho das mulheres da família de Nelcina, no entanto, não se restringe às atividades estritamente rurais, como visto no relato anterior: cabia às mulheres pobres realizar trabalhos de cuidados para famílias de melhor condição econômica.

No entanto, na família de Nelcina, foi possível à sua mãe permanecer vigilante, realizando o cuidado necessário e assegurando condições que pudessem evitar experiências de violência ou humilhação para as filhas. Quando Nelcina afirma que sua mãe considerava que *lavar roupa para fora* era um trabalho mais fácil, ela acrescenta:

> *Nós buscávamos a roupa na casa dos outros e lavávamos no rio [...]. A minha irmã fazia a comida e levava para a gente lá. E os que eram pequenininhos, levávamos tudo para lá. Aqueles maiorzinhos já começavam a recolher a roupa, que estava secando* (Nelcina, 1999).

Tais condições, embora expressem a exploração do trabalho de mulheres e crianças, em uma complexa rede em que os cuidados vão sendo externados (caso das famílias que podiam contratar a mãe de Nelcina como lavadeira e a mãe de Lúcia como faxineira), evidenciam também um contexto cultural em que a mulher rural procurava preservar as crianças, nesse caso, as meninas, de relações inadequadas segundo os valores dessa mãe. Em estudo realizado na década de 1980, Noronha (1986) já expressava as especificidades das condições de vida da mulher do campo, oferecendo-nos uma reflexão sobre o avanço do modo capitalista de exploração do trabalho para as áreas rurais. Essa autora afirmava que embora o "*ethos* capitalista" pretenda apropriar-se também do universo doméstico, ele não o faz totalmente. Nas suas palavras:

> A mulher consegue manter relações afetivas, formas de cooperação ligadas à própria reprodução da existência da família, que são mais

sentidas e vividas por ela do que pelo homem, tais como fazer a comida, sentir mais de perto o peso da falta de alimento na panela, cuidar dos filhos e de si mesma. Essas coisas a diferenciam, tanto em suas práticas quanto em seus comportamentos, tornando-a mais resistente à apropriação de seu espaço pelo capital do que o homem (Noronha, 1986, p. 87).

Essa perspectiva de manutenção de práticas e relações pautadas por lógicas distintas daquelas impostas pelo mundo do trabalho expressa a possibilidade de colocar em ação outra racionalidade, inscrita no cuidado como inerente à subjetividade da mulher na nossa cultura e, como já dito, fortemente vinculada à sua condição de subalternidade na sociedade (Tronto, 1987, 2013). Não se pode deixar de reconhecer que a experiência concreta dessa família significou manter as filhas longe de situações de violência e humilhação que pudessem ocorrer distante dos olhos da mãe, o que não foi possível na experiência de Lúcia, para cuja família, vivendo em um aglomerado urbano, não havia outros arranjos possíveis.

As histórias dessas mulheres sugerem configurações familiares pelo avesso e remetem à ponta do "modelo de delegação", de que falam Hirata e Kergoat (2007). Como observou Sérgio Adorno (1993, p. 192):

[...] a criança torna-se fonte de subsídio familiar. A família, que, na sua origem, pensa-se como fonte de solidariedade, de proteção e de socialização primária das crianças, se subverte para apoiar-se no universo infantil. É como se a família fosse socializada pelas crianças, e não o seu contrário.

Outro elemento que parece exercer importante papel nas organizações familiares dessas mulheres e nos arranjos possíveis para o cuidado das crianças, além do "modelo de delegação" já referido, relaciona-se com certa organização do trabalho (doméstico) sustentada pelo sentimento de obrigação, conforme observou Sarti (2004) ao interpretar a constituição das famílias pobres.

Nesse caso, as pessoas se identificam como uma família porque podem contar umas com as outras, constituindo assim uma rede de trocas ampla entre pai, mãe, tias, filhas, vizinhas, avós etc., unidos pelos laços da obrigação, e não um núcleo familiar consanguíneo, como no "modelo" de pai, mãe e filhos. No caso de Lúcia, podemos apreender essa rede no trecho a seguir:

> *Não tenho contato com a família do meu pai quase nenhum, só tem um tio dele que eu conheço... dois... A família da minha mãe todo dia vejo, todo dia liga, a gente não chama de tia, não tem o hábito. Já na família do meu pai é tio, porque dá aquela imposição, você fica sem ver a pessoa, tem que ter uma postura. Já minhas tias não, é tudo pelo nome, Sônia, Net, Chica. Aí uns falam assim: "É falta de respeito". Não é não, é amizade, é mais que parente, é amigo* (Lúcia).

Tronto (1993) também notou que as relações sustentadas no sentimento de obrigação têm como base o respeito entre os pobres, que comumente parte do pressuposto de que você pode vir a precisar do outro algum dia e não como uma obrigação formal da ordem dos costumes legitimados. É através do binômio família-obrigação/respeito que Lúcia descreve as relações na sua família, comparando-a ao "modelo" legitimado, que funciona para as famílias pobres como "um espelho" (Sarti, 2004; 2005a):

> A tensão entre os distintos discursos familiares denota a singularidade da família no mundo contemporâneo: ela é, ao mesmo tempo, autorreferida na sua construção do "nós" — nisto que constitui o mundo privado — e permanentemente influenciada pelo mundo exterior — público —, que lhe traz a inevitável dimensão do "outro", com a qual tem que lidar. Assim, a família constitui-se pela construção de identidades que a demarcam, em constante confronto com a alteridade, cuja presença se fará sentir insistentemente, forçando a

abertura, mesmo quando persistirem as resistências. A família, então, constitui-se dialeticamente. Ela não é apenas o "nós" que a afirma como família, mas é também o "outro", condição da existência do "nós". Sem deixar entrar o mundo externo, sem espaço para a alteridade, a família confina-se em si mesma e se condena à negação do que a constitui, a troca entre diferentes (Sarti, 2004, p. 19).

Compreender o cuidado em diferentes espaços da vida social e, de modo específico, na saúde e na educação, supõe situá-lo nas condições estruturais da sociedade que configuram essa atividade irrenunciável na condição humana, bem como seus sentidos e significados nas experiências singulares de mulheres das camadas populares que se encarregam dessa atividade, seja no âmbito doméstico, seja inserindo-se nas ocupações assalariadas de cuidado. E, como advertiu Sérgio Adorno (1993), os impactos que a desigualdade social gera nas condições de vida de mulheres e de crianças.

2.2 Infância pobre e brincadeiras: duas meninas brincando de cuidar

Na construção das histórias de vida dessas mulheres, alguns elementos surgiram sem que tivessem sido mencionados por nós explicitamente nas entrevistas. Já outros foram explicitamente indagados nas situações de interação entrevistadora-entrevistada. Estes últimos foram indagados por meio de um roteiro de perguntas formuladas tendo em vista nossas concepções sobre as crianças e as infâncias e, também, o interesse em compreender como as diferentes experiências estiveram presentes na vida dessas mulheres que se tornaram cuidadoras *assalariadas*. Nelcina era, à época das entrevistas, educadora em uma creche comunitária e participava de processos de formação para o trabalho com crianças pequenas na Educação Infantil. Ela assim se expressou sobre as brincadeiras na sua infância, da qual ela disse ter poucas lembranças:

Minha mãe não gostava muito de brincadeira, não tinha brinquedo. A gente brincava era com [...] boneca de sabugo de milho. Eu lembro que eu só tive uma bonequinha, de papel ainda. E, na época, foi uma coisa tão engraçada. [...] Morreu uma dona, eles enterraram a dona [...]. E aí, a minha boneca morreu e eu enterrei a boneca. Minha filha, deu uma chuva, e a minha mãe começou a me perguntar pela boneca. E a gente tinha pavor de falar as coisas com ela. Aí, um dia, eu falei: "Ah, mãe, minha boneca morreu". [Ela disse:] "Mas você já estragou a boneca?" Eu falei: "Não, não estraguei não, mãe, ela morreu. [...] Ela está enterrada." [...] Quando eu fui desenterrar essa boneca, só tinha aqueles cacos dela. Mas a minha mãe brigou demais, nossa senhora! O meu pai, ele era muito bruto, sabe — às vezes a minha mãe até escondia as coisas, igual essa boneca. Se ele soubesse disso, eu acho que ele batia até quase matar a gente (Nelcina, 1999).

Além de não ter brinquedos, a primeira coisa que ela diz é que sua mãe não gostava de brincadeira. De acordo com seu relato, a única boneca que possuiu teve destino trágico (morrer e ser enterrada), o que reflete a capacidade da criança de representar experiências e, possivelmente tentar, por meio da brincadeira, "compreender" a morte, evento que estava presente em sua vida naquele momento.

Embora tenhamos insistido com Lúcia para que nos contasse casos sobre um dia qualquer de sua infância e sobre o cuidado com as irmãs, ela falou pouco, dizendo de forma resumida que elas *se viravam*. Na última entrevista que realizamos com Lúcia, em sua casa, voltamos a essa pergunta. Suas filhas estavam presentes nesse dia e sugeriram que Lúcia contasse uma história de que elas gostavam muito: Lúcia, suas irmãs e seu irmão ensaboavam o chão da cozinha, deixando-o bastante escorregadio. Imaginavam *que a casa era piscina e tobogã; ralavam o joelho todo, pulavam um em cima do outro, faziam uma bagunça! Sempre vigiando o tempo para saber quando a mãe chegaria*. Isabela, a filha mais nova, lembrou ainda que as irmãs *tinham que* limpar tudo, *para não tomar uma surra*, sugerindo que haviam entendido a lição que tiravam da história contada por Lúcia.

Lúcia, as irmás e o irmáo ressignificavam o espaço a que estavam confinadas, criando para si outras possibilidades. Observa-se que, para brincarem daquela forma, as crianças deveriam, no mínimo, saber onde ficavam o sabão, o rodo, bem como saber limpar, secar e gerir o tempo, competências adquiridas, possivelmente, nessa experiência de participar do trabalho doméstico em casa. Embora Lúcia fosse desde cedo responsabilizada pelo cuidado com os irmãos, ela participava das artes indesejadas pela mãe. Também era uma criança e, além de não ter como lidar totalmente com potenciais acidentes, gostava de brincar. A fala de sua mãe expressa o lugar que ela ocupava, como filha mais velha:

> [...] porque na hora de fazer arte, todo mundo fazia, mas assim que eu chegava ela me contava, do jeito dela, e eu acreditava nela e batia nos outros. Aí, uma época comecei a dar uns cocões nela, aí ela parou. Então ela tem uma revolta. De vez em quando eu vejo ela reclamando que eu batia muito nela. Por ser a mais velha, às vezes a gente cobra mais mesmo (Dona Elisa, mãe da Lúcia, 2011).

Embora nossa pergunta sobre um dia de sua infância não a tenha levado a contar essas situações, percebe-se que se trata de uma memória que ela preserva e compartilha com suas filhas, como situação divertida, e que as filhas gostam de ouvir. É possível que nossa pergunta de adultas para uma mulher adulta tenha mobilizado apenas o lado doído de sua infância, não sendo capaz de trazer à tona a diversão que ela e os irmãos eram capazes de promover com os instrumentos e produtos de limpeza da casa.

Assim como no relato de Nelcina sobre o enterro da boneca, percebe-se que, ainda que em ambientes distintos, as crianças, como têm demonstrado os estudos da infância (cf. Sarmento, 2004; 2008), possuem recursos para lidar com as diferentes situações com que se defrontam e a brincadeira é, sem dúvida, o principal deles. Tanto a situação de morte, no caso de Nelcina, quanto a de estarem sozinhas em casa, no caso de Lúcia e seus irmãos, associam-se às demais "funções" da brincadeira na experiência humana, mais especificamente no período da infância.

O reconhecimento da positividade da experiência das crianças em situações difíceis não pode minimizar os efeitos das desigualdades de que elas e suas famílias são vítimas. Integram, no entanto, o conjunto de experiências constitutivas dos sujeitos das camadas populares, homens e mulheres que, na estrutura social, encarregar-se-ão das funções de cuidado pouco ou nada desempenhadas por pessoas dos estratos sociais mais altos, especialmente na realidade brasileira. Nos casos de Lúcia e de Nelcina, depois de adultas, essas funções (de cuidar, dentre outras inerentes ao trabalho delas) ocorriam em dois contextos distintos: o Centro de Saúde e a Creche Comunitária, respectivamente. Ambos trabalhos de cuidado com o outro: crianças, adultos e idosos, com maior ou menor grau de dependência.

2.3 A escola e os limites do possível

A escola, como instituição que se expandiu no Brasil com grande expressão na segunda metade do século XX, faz parte das experiências dos sujeitos das diferentes camadas sociais. A relação com a escola se faz presente para as camadas populares de forma complexa, envolvendo tanto a experiência de cursar a escola (ainda que de forma intermitente e por poucos anos) quanto a condição decorrente de não cursá-la ou de cursá-la fragilmente em uma sociedade escolarizada que rapidamente se urbanizava e instituía o discurso modernizador. Nas singularidades das trajetórias de Nelcina e de Lúcia, observamos as ressonâncias da complexidade de nossa sociedade, especialmente dos efeitos da profunda e persistente desigualdade. Em seus estudos sobre trajetórias escolares de pessoas das camadas populares, Nadir Zago observa que a mobilização

das famílias pobres se volta em primeiro lugar para a sobrevivência, o que inclui o trabalho das crianças (Zago, 2006), tanto nas
áreas urbanas quanto nas áreas rurais, como bem exemplificam as
experiências de Lúcia e de Nelcina analisadas nos itens anteriores.
Como descreveu Bernard Lahire (2004), nas relações das camadas populares com a escola ocorre o que ele denominou de temporalidades arrítmicas. O autor observa que nas camadas populares a
falta de controle da vida, do tempo e do destino é distinta da forma
escolar de dividir o tempo, que segue um fluxo com momentos
preestabelecidos. Nesse sentido, a escolarização dessa população
não obedece ao "tempo normal" de entrada e permanência até a
finalização, mas se define no tempo "do possível" (Zago, 2006).

Nelcina, como já analisado, passou toda a infância em área
rural. Foi aluna de seu pai, que, além de trabalhador rural, era o
único professor daquela localidade. Essa experiência a marcou de
forma profunda. Primeiramente, ela destacou que seu pai não tinha
formação para o magistério e que, até a chegada das normalistas,
ele alfabetizava as crianças da família e os filhos dos colonos que
trabalhavam nas fazendas. Seu pai havia estudado até a 3ª série da
então escola primária, mas, segundo Nelcina, *sabia mais do que
aquelas pessoas que não sabiam nada*. Nelcina enfatizou que ele sabia
ler e escrever muito bem e que dominava *as quatro operações*.

Como filha do professor, Nelcina era quem sofria todos os
castigos, como o uso da palmatória e o constrangimento de ficar
de joelhos na sala, algo como ser exemplo para as demais crianças,
adquirindo, a partir daí, *pavor da escola*. Quando em sua cidade
foram criados os Grupos Escolares, seu pai foi deixando de lecionar.
Com a chegada das normalistas *da cidade grande*, ele foi perdendo
esse campo, ficando apenas com o trabalho da roça.

Nelcina foi para o Grupo Escolar, onde estudou até os 14
anos. Não conseguia ser aprovada de uma série para a outra porque na época da colheita do café, que se iniciava no final de abril,
a família fechava o barracão na vila e ia para as fazendas, onde o

pai trabalhava em regime de empreitada. Quando voltavam, a escola entrava em férias. Em agosto, voltava para a escola, mas não conseguia desenvolver-se como esperado. Nelcina menciona ainda as condições de escolarização dos irmãos, enfatizando que o pai valorizava os estudos, mas que as condições objetivas de vida atuavam em sentido contrário, sobretudo para os mais velhos. O seu relato reflete dimensões importantes sobre a escolarização das pessoas de camadas populares, conforme já descrito pela literatura anteriormente mencionada (Lahire, 2004; Zago, 2006). Um dos elementos destacados por ela refere-se à influência da ordem de nascimento como uma das condições de acesso e permanência na escola para crianças das camadas populares, o que também se associa às necessidades de sobrevivência da família.

Da mesma forma, a trajetória de Lúcia indicia a permanência das desigualdades sociais, dentre elas a de acesso e permanência na escola. Lúcia, que é de uma geração posterior à de Nelcina, tendo nascido no meio urbano no final da década de 1970, vive situações que, embora marcadas pela singularidade de seu contexto e de sua família, não se diferenciam da experiência de gerações anteriores no que se refere à negação de direitos.

Lúcia falou muito pouco sobre o período escolar, sendo que, na primeira entrevista, ela sequer se aproximou do tema. Ficou evidente a dificuldade que Lúcia encontrou para conciliar a escola com o trabalho. E, embora a escola tenha possibilitado a realização de escolhas, estas não constituíam escolhas ambiciosas. Na única menção "espontânea" sobre a escola durante a segunda entrevista, Lúcia disse:

> *Quando era pequena minha mãe falava assim: "O que vocês vão ser?"*
> *Eu falava assim: "Vou ser enfermeira". Mas, no início, pensar que ia*
> *ser enfermeira, achava que era só fazer o curso técnico, depois que você*
> *cresce que você vê que para ser enfermeira tem que fazer faculdade, tem*
> *que ter nível superior* (Lúcia, 2011).

Em seguida, quando perguntamos sobre a escola, ela relatou que, com seis anos, foi para a pré-escola e com sete para primeira série do Ensino Fundamental. Nesse ano, foi reprovada, o que ela considera *uma vergonha*, apesar de justificar em seguida: *não sei, minha professora gostava muito de desenho, de colar aqueles adesivos no caderno da gente, "você brilhou" [...]. Ela não dava aula, não dava matéria.*

Lúcia continuou estudando, mas, quando começaria a cursar a oitava série, parou de estudar porque *não estava gostando do colégio.* Lúcia ficou um ano sem estudar e logo começou a trabalhar. Depois de um tempo *livre*, começou a namorar e decidiu voltar para a escola, estudando até o segundo ano do Ensino Médio. Quando estava prestes a cursar o terceiro ano, engravidou e casou-se, deixando a escola mais uma vez.

Embora ela tenha feito o curso técnico de Enfermagem, segundo o entendimento da sua mãe, só as suas irmãs Kátia e Cinthia *quiseram estudar:* a primeira concluiu o ensino superior, e a segunda está ainda na faculdade. As que *não estudaram muito,* segundo ela, foram Deise e Lúcia:

> *Essa aí [Deise] não estudou, parou no segundo ano e está aí até hoje. [...] E Lúcia também não quis estudar mais, parou na Enfermagem, não quer estudar mais não, mas também com três moças em casa e trabalhando tanto, nem tem como* (Dona Elisa, mãe da Lúcia 2011).

Dona Elisa, sua mãe, contou que seu pai não a deixara estudar, pois considerava que a escola não era destinada às mulheres. Ela chegou a aprender a ler e a ter gosto por leituras lendo novelas, a princípio em revistas ilustradas e depois em livros, já que não podia ver televisão. Seu gosto por leituras e sua relação com o estudo, como veremos no relato que se segue, influenciaram Lúcia e as irmãs, revelando uma forma de ressignificar as proibições a que elas estavam submetidas.

E aquilo ela sentava, lia, lia, lia, e eu ficava olhando, e o dia passava e a noite chegava, às vezes ela tinha que parar para fazer alguma coisa, ela fazia, depois voltava e começa a ler. Pensei assim: esse trem deve ser muito bom, minha mãe ficar lendo desse jeito, aqueles livros dessa grossura. Aí criei o hábito de ler, comecei lendo livro de romance, lia, lia, lia. Depois fui ler faroeste. Gosto muito de ler, muito mesmo. Aí comecei a ler poesia, fui ler Érico Veríssimo, gosto de ler tudo. Ler jornal, às vezes eu até paro na rua para ver o que está escrito... defeito, mania, vício. [...] Viajava...,, viajava para tudo quanto é lugar, tudo quanto é cenário do livro... minha mãe comprava e trocava com minha tia, minha tia também lê, ficava uma trocando com a outra... Romance mesmo, Sabrina, Bianca, Júlia... faroeste (Lúcia, 2011).

Com o gosto e o reconhecimento de habilidades voltadas para as ciências humanas, associados à crença no binômio estudos-bom emprego, Lúcia relatou sobre as matérias de que gostava e sobre outros desejos relacionados aos estudos.

E matéria que eu gostava era português, biologia, tinha um professor que era muito bom. Gostava muito dele, uma coisa que eu falo assim: mas gente, por que a gente está vendo essa matéria? Que eu vou levar disso? Não imaginava, ele falava da sociedade, como era o comportamento do ser humano na sociedade que a gente vive. Aí me apaixonei também. Gosto muito, eu se eu não fizer enfermagem superior, vou fazer assistente social, gosto muito (Lúcia, 2011).

Ao contrário da sua mãe, em seu relato não está presente, no que se refere à escola, a normatização de gênero que percebe a escola como uma esfera a ser ocupada pelos homens. O que se nota na sua história são as temporalidades arrítmicas, como descreveu Bernard Lahire (2004). Ainda que sua mãe demonstre compreender a importância dos estudos para as filhas, não há nos relatos da família histórias de mobilização familiar voltada para os estudos. Como descreveu Zago (2006) relativamente às camadas populares, a mobilização é voltada em primeiro lugar para a sobrevivência. Assim como na trajetória de Nelcina, o mundo do trabalho e a escola deveriam ser, para Lúcia, conciliados, o que, em geral, constituía tarefa difícil, como veremos no próximo capítulo.

As histórias dessas duas meninas que se tornaram mulheres que exercem ocupações profissionais de cuidar (e, no caso de Nelcina, também educar) de outras pessoas revelam o que estudiosas do campo feminista e da sociologia do trabalho têm refletido: que há conhecimentos, habilidades e disposições aprendidas ao longo da vida, em condições mais ou menos favoráveis, que não são consideradas para a valorização do trabalho e da trabalhadora. Essa condição de menor valorização é legitimada pela ausência de formação escolar superior.

3

O trabalho de cuidar e as responsabilidades adultas na vida familiar

No conhecimento das razões ou dos sentidos que os sujeitos atribuem às suas ações, refletimos sobre as intricadas redes que constituem as relações sociais e seus nexos com a estrutura social. Neste livro, as trajetórias de duas mulheres que cuidam profissionalmente estão sendo analisadas à luz da teoria social que compreende essa prática tanto no âmbito das subjetividades quanto das suas relações com a estrutura social e suas diferentes clivagens: de classe, de gênero, de raça e de geração.

Neste capítulo, focalizamos os processos de entrada de Lúcia e de Nelcina no mercado de trabalho. No caso de Nelcina, esse processo não se configurou inicialmente como entrada para o mercado formal. Inserir-se no mundo do trabalho **fora de casa** significou iniciar um processo de envolvimento em relações (comunitárias) que lhe foram permitindo novas aprendizagens, além de conquistas no plano material. Com isso, concretizou-se a possibilidade de trabalhar e, ao mesmo tempo, continuar o cuidado de suas filhas e de seu filho. No caso de Lúcia, o trabalho remunerado foi um elemento que se interpôs na sua trajetória escolar, tornando-a fragmentada.

Sobre as distinções entre as realidades das duas encontram-se, além de outros elementos da diferença geracional (Nelcina já era adulta quando Lúcia nasceu), o fato de Nelcina ter migrado para Belo Horizonte nos anos 1970, já como mãe de família, e Lúcia ter crescido no ambiente pobre da cidade grande e seus pais já terem feito o trajeto que Nelcina realizou.

Em comum, Lúcia e Nelcina têm a inserção no "mercado" de trabalho por meio das atividades denominadas serviços gerais. Uma atividade de cuidado que é, como tem sido analisado pela literatura sobre cuidado, exercida pelos estratos sociais inferiores e rejeitada pelas classes abastadas como trabalho sujo. No Brasil, o setor de atividade econômica que mais ocupava as mulheres em 2009 (Dieese, 2011) era o "trabalho doméstico", que respondia por 17% do número de mulheres empregadas, seguido de "comércio e reparação", com 16,8%, e de "educação, saúde e serviços sociais", com 16,7%. No caso das mulheres, apesar de ocuparem tais postos de trabalho, que são menos valorizados, no Brasil, elas chefiavam 30,6% dos arranjos familiares, segundo os dados do Instituto Brasileiro de Geografia e Estatística, de 2006 (Bruschini, Ricoldi e Mercado, 2008). Observou-se ainda que o tempo das mulheres é mais consumido pela dinâmica dos afazeres domésticos e de cuidado com as crianças nas casas (Bruschini, Ricoldi e Mercado, 2008; Rosemberg, 2009; Sorj, Fontes e Machado, 2007).

Nelcina e Lúcia conquistaram espaços no mercado formal de trabalho mobilizando suas qualidades construídas ao longo de toda a vida: cuidar dos irmãos mais novos, da casa, das próprias roupas, tornar-se alguém preocupado com os outros, como no caso de Lúcia, que passa a cuidar da própria mãe. Tal mobilização, no entanto, não ocorre de forma direta. Ao contrário, contradições, medos e dificuldades marcam a transição dos genéricos serviços gerais para atividades mais delimitadas de cuidado e, além disso, de cuidados de outras pessoas. Tendo em vista a singularidade das duas trajetórias, neste capítulo optamos por trazer os percursos individuais separadamente de modo a evidenciar as especificidades sem, contudo, perder de vista o que une histórias de mulheres das camadas populares que, de um jeito ou de outro, cuidam de outras pessoas.

3.1 Lúcia: formação e trabalho na vida adulta

Neste item, daremos ênfase ao processo vivenciado por Lúcia ao inserir-se na área da Enfermagem, focalizando as decisões e ações que favoreceram a escolha por uma atividade de cuidado no âmbito profissional da saúde. Como veremos, esse processo é parte do conjunto das suas experiências, envolvendo decisões baseadas tanto em disposições pessoais quanto na avaliação das suas possibilidades em suas condições objetivas de vida.

Quando já tinha duas filhas e estava grávida de Isabela, a filha caçula, Lúcia começou a trabalhar em um hospital como auxiliar de serviços gerais, realizando trabalhos de limpeza. Depois que Isabela nasceu, retomou os estudos, terminou o terceiro ano do Ensino Médio e optou por fazer o curso técnico de Enfermagem. Entre dois cursos bem conceituados, ela optou pelo que levaria menos tempo para se formar, ao qual poderia ir a pé e de forma mais rápida, preservando recursos financeiros e o tempo com suas filhas. No trecho a seguir ela associa sua escolha ao gosto pela atividade de cuidar.

Comecei a fazer o curso de Enfermagem, pensei assim: será que vou gostar, será que não vou? [...] Aí eu falava que ia ser enfermeira, então assim, uma coisa que gosto muito, me dá muito prazer é cuidar dos outros, é ouvir as pessoas (Lúcia, 2011).

O curso tinha duração de um ano e nove meses. Durante a maior parte desse período ela trabalhava à noite, das 19 às 7 horas do dia seguinte (em noites alternadas) e estudava no turno da manhã, *para poder ficar com as filhas à tarde*, explica. Apesar da dificuldade de manter-se financeiramente e do cansaço decorrente da excessiva carga de trabalho, ela diz ter *amado* o curso, principalmente os estágios e as matérias mais aplicadas.

> *Nossa, amava, amei! Estágio, amava estágio. E a matéria em si dentro de sala de aula, eu gostava muito da aula de introdução da Enfermagem, que era a única que a gente fazia em laboratório. Você ia pro laboratório para fazer procedimento de Enfermagem, aplicar injeção, passar sonda, essas coisas todas, a aula que a gente mais gostava. [...] É muito caro, na época que fiz era R$ 220,00 em 2007. [...] Aí eu paguei meu curso todo, paguei meu curso trabalhando. Às vezes eu chegava na sala de aula cansada porque eu saía do serviço e assim não conseguia nem prestar atenção no que o professor estava falando* (Lúcia, 2011).

Quando faltavam seis meses para concluir o curso técnico de Enfermagem, uma nova coordenadora no hospital em que trabalhava resolveu modificar seu turno de trabalho. Então Lúcia decidiu sair do emprego, pois essa mudança prejudicaria tanto o contato com suas filhas quanto suas condições para conciliar os horários de trabalho e estudo. A estratégia adotada por ela foi a de utilizar o dinheiro recebido como acerto trabalhista para pagar o restante das mensalidades e terminar o curso. As idas e vindas mostram que a escola é reconhecida por Lúcia como importante, mas, apesar disso, observa-se que nem sempre há uma disposição concreta para os estudos, o que leva a projetos de acordo com as condições objetivas, e não a sonhos ambiciosos (Zago, 2006). Embora Lúcia remeta ao "dom" da Enfermagem, ao referir-se à sua escolha profissional, seus relatos sugerem uma agente mobilizada, e não uma simples aceitação passiva de uma suposta natureza de gênero. Lúcia demonstra ter em mente a melhor adaptação ao espaço que lhe é designado no mercado de trabalho e, em alguma medida, na família, como observou Duru-Bellat (2000) sobre as escolhas profissionais das mulheres. Ela revela uma escolha que é razoável e fundamentada em cálculos matemáticos, inclusive, de preço e de tempo a ser dedicado aos estudos. Além disso, leva em conta as possibilidades de manter o cuidado com as filhas.

Da mesma forma que essas escolhas são permeadas pelas condições objetivas da divisão sexual e social do trabalho, elas também são permeadas pelas subjetividades dos sujeitos que as realizam, marcadas por experiências generificadas. Assim, embora o sustento da família seja uma motivação geral para a volta aos estudos e a busca por trabalho, sua disposição foi a de preparar-se e inserir-se em uma atividade de cuidado "do outro" que não é da família. Essa escolha (a Enfermagem) envolveu uma disposição desenvolvida na sua trajetória de vida que não se resume "ao possível" e ao "dom".

Aprendizagens: alteridade e compaixão

O cuidar "do outro", de alguém que é estranho à família, não apareceu na história de vida de Lúcia como algo motivador por si mesmo. Em seu relato, observamos que, exceto quando pretendia esclarecer determinados elementos de suas atividades, ela sequer falou sobre *esse outro*. Ao comentar que já foi babá, por exemplo, mencionou apenas que tinha registro em carteira profissional.

O processo de perceber o outro com o olhar do cuidado é mencionado por Lúcia ao descrever o começo do trabalho no hospital como faxineira. Foi referindo-se a essa ocupação que ela contou ter tido os primeiros contatos com pessoas doentes, *pessoas assim, que não eram da minha família, outras pessoas.* Como veremos no relato a seguir, os primeiros contatos com *o outro* em situação de sofrimento despertaram reações de medo, de angústia e de desgosto. Esses sentimentos, nota Mollinier (2004), assimilados nos corpos, podem até levar ao pânico e ao desejo de fugir, situação que pode ser observada no relato de Lúcia:

Trabalhei no hospital, na limpeza, nos serviços gerais, trabalhava uma noite sim, uma noite não. [...] Foi quando tive meu primeiro contato com pessoas doentes, pessoas assim, que não eram da minha família, outras pessoas. Aí fiquei até assombrada na hora que entrei lá, fiquei até neurótica, sabe? Que lá, são pessoas com CA [carcinoma adenoescamoso], só câncer e geralmente fase terminal... [...] Então assim, nossa! Se saísse uma mancha em mim ficava doida! (Pensava): meu Deus, estou com câncer, misericórdia! Se desse uma dor de garganta, eu falava: ai, meu Deus do céu! Gente, eu fiquei doida, eu tinha medo, morri de medo. A falta de informação era tão grande que eu pensava assim: "gente, esse trem deve pegar é no ar, olha para você ver!?" Só de espirrar! Qualquer coisa diferente, que a gente vê assim no corpo, ou se eu levantasse gripada, pensava assim: "ah, meu Deus, estou com câncer!" [...] E eu tinha passado tanta dificuldade desempregada antes, tanta dificuldade. [...] E, assim, quando aquilo começou a ficar muito, muito mesmo, que eu vi que estava passando do limite, eu falei assim: ó Deus, se foi o senhor que me deu essa porta, tira isso de mim porque eu preciso trabalhar! Uai, como que eu vou trabalhar desse jeito, neurada desse jeito, não tenho paz, sossego interior (Lúcia, 2011).

Lúcia manifesta forte angústia diante dos quadros dos pacientes sem, no entanto, conseguir entender o que se passava. Como se pode observar no relato, também se revela a condição, ao mesmo tempo, de ruptura e de continuidade com sua experiência doméstica: era a primeira vez que ela tinha contato com pessoas doentes fora da família, mas, o elemento cuidado, possivelmente, constituía-se em continuidade. A ruptura se deu pelo processo de alterização, no qual a natureza do sofrimento e também o lugar externo à família constituíram-se em condição importante para perceber a si mesma na relação.

No mesmo relato, Lúcia nos conta sobre como a situação, que inicialmente era aterrorizante, gerou nela o sentimento de compaixão. Talvez Lúcia tenha falado de forma espontânea sobre o *desenvolvimento* (ou aprendizagem) do sentimento de compaixão nesse momento, pelo fato de referir-se ao seu trabalho como faxineira no hospital e não ao de Enfermagem, que para ela é um *dom*.

Aí, graças a Deus foi saindo aos poucos. Acho que fui habituando, acostumando, aí você vai e procura saber: o que é isso? Como que o pessoal pega isso? Eu sempre tive muita curiosidade de saber as coisas. Então chegava assim nas meninas da Enfermagem, perguntava. Aí fui pegando gosto, apesar de não ser uma coisa muito bonita de se ver, um paciente em fase terminal de CA, mas assim, aquilo moveu uma compaixão em mim, sabe (Lúcia, 2011).

Para Pascalle Mollinier (2004), a compaixão, ou o sofrer com o outro, é um dos principais sentimentos necessários para que se deseje cuidar bem desse outro que lhe é estranho. Como observou essa autora, a compaixão é aprendida, ou seja, aprende-se a sofrer com o outro.

O sentimento de compaixão, as reações do sofrer com o outro demandam, em primeiro lugar, colocar-se no lugar desse outro, lugar que pode gerar medo, como relatado por Lúcia. O não entendimento e o desconhecimento revelaram-se como fatores de acentuação de seus medos. Em contrapartida, é o entendimento que vai ajudá-la, em alguma medida, a sentir-se mais segura naquele ambiente, como resultado de esclarecer suas dúvidas com as colegas da Enfermagem. Embora ela atribua o sentimento de medo à possibilidade de contaminar-se com o câncer e à sua falta de esclarecimento, descreve a necessidade de *habituar-se, acostumar-se* com essa situação, o que implica reconhecer o próprio sofrimento e enfrentar a si mesma; como ela mesma diz: ir *pegando gosto*.

Sabemos ser a formação técnica em Enfermagem uma das opções mais acessíveis para "melhorar de vida" entre as mulheres pobres. Essa profissão teria sido constituída historicamente nesse lugar: primeiramente como uma opção de trabalho para recuperar as prostitutas e bêbadas (Almeida e Rocha, 1989), e, depois, para as pobres batalhadoras. A cultura profissional da Enfermagem se estabeleceu como "neutralizadora" dos males de si e do outro. Ao longo da história da profissão, criaram-se dispositivos por meio dos quais as agentes vivem e superam essas fases de angústia e de medo. Para a superação do medo, muitas vezes é necessário que as trabalhadoras ponham em latência suas necessidades imediatas para, então, suportarem a passividade (Mollinier, 2004). Observa-se que, nesse contexto, a cultura e a formação da Enfermagem, marcadas pelo disciplinamento do corpo e pela regulação moral cristã, contribuíram e ainda contribuem para a prescrição de corpos passivos.

No caso de Lúcia, observamos que o período a que se refere esse relato antecede o seu ingresso no curso técnico de Enfermagem. A passividade dela com relação às próprias emoções parece-nos bastante relacionada à pressão exercida pela falta de condições materiais expressas pelo desemprego anterior e pela necessidade de trabalhar. Se, por um lado, esses aspectos já tinham sido identificados no cotidiano das técnicas de Enfermagem, o que se diferencia no caso por ela relatado é que Lúcia ainda não havia tido acesso à formação, à cultura profissional da Enfermagem e às condutas morais que se esperam dessas profissionais. Então, ela recorre a Deus, evidenciando um esforço pessoal na busca da *paz interior*.

Cuidados delegados

Lúcia refere-se à intensidade do trabalho em casa como decorrente da responsabilidade com as filhas, não mencionando, por exemplo, as demandas do marido. Ela relatou, na ocasião em que nos apresentava sua casa, que é difícil cuidar das três filhas pequenas e que elas fazem muita bagunça. Do trabalho, telefona com frequência para casa para saber como elas estão. Ela menciona ainda que, quando decidiu que queria fazer o curso técnico de Enfermagem, postergou o início dos estudos em razão de as filhas serem muito pequenas à época: *enrolei um tempo* [para iniciar o curso técnico]; *enrolei não, estava com minhas meninas pequenas e tive que priorizar outras coisas.*

Lúcia percebe suas filhas como pessoas que precisam de cuidados. Mas agora, de modo semelhante à sua mãe, é ela quem precisa trabalhar, e então nota-se novamente a dinâmica do trabalho assalariado *versus* cuidados, organizada na perspectiva da delegação (Hirata e Kergoat, 2007). Nesse modelo, em que as mulheres não assumem as tarefas domésticas e familiares exclusivamente em razão da sua inserção no trabalho assalariado, elas têm a necessidade e acionam os meios para delegar a outras mulheres essas tarefas.

Lúcia comentou que, assim que se casou, Thiago, seu irmão, que na época tinha sete anos, quis ir morar com ela. Seu relato a respeito desse fato indica a existência de um vínculo forte entre os dois, possivelmente em razão de Lúcia ter cuidado dele desde que era bem pequeno. Depois que ela se tornou mãe, Thiago ajudou-a a cuidar de suas filhas e da sua casa. Mais tarde, ele retornou à casa dos pais, quando passou a trabalhar de forma assalariada e, assim, adquiriu condições para ajudar *os que mais estavam precisando*, contou Lúcia — revelando mais uma vez a teia familiar da obrigação. Ainda assim, ele continua lhe fazendo companhia, principalmente quando seu marido viaja.

Embora ela tenha criticado sua mãe por ter colocado um homem para cuidar delas quando crianças, ela também ensinou Thiago — como se fosse o filho mais velho — a cuidar da casa e das suas filhas. Esse fato remete-nos à condição de classe — e não somente à de gênero — como importante na distinção dos cuidadores (Tronto, 1993, 2013). Sem opção de outra mulher para ajudá-la, Lúcia diz que ensinava Thiago a cuidar da casa, justificando que era para ele saber fazer com as próprias mãos quando não pudesse ter uma mulher para fazer isso por ele. Ainda nesse relato, ela conclui que lhe ensinou *a ser uma boa pessoa*, demonstrando significações positivas em torno dos trabalhos domésticos e de cuidado.

Como Lúcia reside no mesmo terreno que sua família de origem, além de contar com a ajuda de Thiago, ela diz que pode contar também com suas irmãs. Notamos a presença constante da sua família em sua casa e na da Dona Elisa e do Sr. Cândido: elas dividem o quintal para estender roupa e dividem o cuidado com as crianças. Sua irmã, por exemplo, em uma das ocasiões em que estivemos em sua casa, estava arrumando o próprio filho e uma das filhas de Lúcia para a festa junina. Em outro dia, fomos informadas de que Vitória, filha de Lúcia, estava na casa de Dona Elisa, sua mãe. Em um dos momentos de entrevista, fomos servidas de café preparado por Vitória e de suco pelo genro da Dona Elisa, que não morava na casa, mas residia próximo. Como resumiu Lúcia, é uma família unida, *seja para fazer churrasco ou para ir para o hospital.*

Quando suas filhas cresceram um pouco mais, Lúcia inaugurou uma nova fase de trabalho, já que se via com mais possibilidades de se ausentar da casa, entendendo que as filhas estavam cada vez menos dependentes da sua presença. Hoje Lúcia fica menos tempo em casa do que o marido, já que trabalha um turno a mais que ele: ela está em casa em noites alternadas e, nos fins de semana, está presente na parte da manhã e da tarde. Mas, ainda assim, é ela quem organiza a manutenção da vida e detém a autoridade da casa: ela conta sobre o acompanhamento das tarefas escolares das meninas, sobre pensar como elas vão para a escola e sobre como a sua mãe e suas tias a *ajudarão* no cuidado com as filhas.

Apesar de estar mais tempo fora de casa, quando Lúcia narra sobre a delegação das tarefas para Vicente, seu marido, que, por vezes, também contribui com o cuidado das filhas, ela remete ao modelo tradicional de família. Sua fala evidencia a falta de poder de delegar funções ao marido e, também, os sentidos de sua atenção firme com relação à realização das tarefas escolares pelas filhas. Como se pode ver em seu relato, o que conta nesse caso não são, como vivenciado por ela na infância, as questões relativas aos cuidados umas das outras entre as filhas, mas a clara intenção de promover a aprendizagem do autocuidado, *para aprenderem a ter responsabilidade.*

Assim, o que [me] mata de raiva, estou aqui hoje, aí vou para Betim e volto amanhã à noite. Às vezes chego em casa, quando é 9h da noite e minha menina fala: "Mamãe, não fiz para casa". Ou então me mostra o caderno dela com bilhete da professora que ela não fez o Para Casa. Gente, assim, eu sempre fui uma boa aluna, nunca dei problema para minha mãe. Eu falo assim: [...] Vicente, por que você não ensinou as meninas fazer para casa? Por que teve que esperar eu chegar, gente?! Por que vocês não fizeram na creche? Elas ficam na creche, uma parte do dia... Falei: "não pode, não dou conta não". Aí vou, faço, ensino fazer o para casa, tem dia que tiro da cama 5 h da manhã, se eu chego e vejo que não fez, eu falo é: "mas amanhã cedinho vocês me pagam". Tiro da cama, faço fazer o Para Casa, para poder aprender a ter responsabilidade (Lúcia, 2011).

Lúcia e Vicente, seu marido, compartilham a manutenção econômica da casa, mas ela tem maior renda e faz sempre questão de deixar isso claro.

Quando entrei para Betim [cidade onde ela tem o outro trabalho, como técnica da ambulância], primeira coisa que fiz foi comprar um carro. [Você dirige?] Não, aliás eu dirijo mas não tenho carteira, mas eu sei dirigir, de vez em quando eu pego, eu não gosto, mas assim eu comprei porque eu acho que a gente trabalha, é direito da gente, sabe? Meu marido fala assim: ah, porque a prestação é cara. Eu falo assim: meu amor, graças a Deus, Deus me deu dois empregos públicos, não vou ser mandada embora, então, assim, uma prestação que eu posso arcar, não vai poder me mandar embora mesmo. Então eu pago, pago em dia, todo mês, faço um esforço para poder pagar IPVA. Quando vem IPVA a gente quase morre, mas a gente tem que dar graça de ter conseguido (Lúcia, 2011).

Na família formada por Lúcia e Vicente, não distinguimos nitidamente a ocupação do lugar de autoridade da família em geral atribuída ao homem. Compreendemos que essa autoridade não depende somente da organização da família, fazendo parte de um todo social, que tende a legitimar essa função como masculina. Observamos que Lúcia, quando fala sobre as filhas, remete--se a uma visão de cuidados em termos de dívidas — "primeiro as famílias!". Já quando menciona situações do seu papel de mulher e de mãe em sua casa, ela parece narrar o cuidado das filhas de modo contraditório. Assim, como quem está atenta a uma perspectiva de maternidade mais centrada nos filhos — "primeiro os filhos!" —, novamente revigorada no imaginário social, como analisou Badinter (2011), Lúcia descreve um cotidiano próprio das mulheres "modernas", sempre apressadas, conciliando bem ou mal as exigências profissionais e familiares.

Fronteiras entre estar bem e poder competir

Lúcia avalia que, hoje, as filhas estão menos dependentes da sua presença em casa, mas ela entende que vão permanecer dependentes quanto a outros aspectos relacionados ao seu futuro. Ela diz que pensa em fazer um curso superior para conquistar uma renda maior, que lhe permita atender a outras demandas das filhas (*porque filho, a gente sabe que é para a vida toda*) e assegurar o próprio futuro de forma mais tranquila:

> *E assim, minha filha, vou tentando: meto a cara no concurso. Minha intenção é, agora não, porque minhas filhas estão pequenas e elas dependem muito de mim, mas quando eles estiverem maiores vou fazer um curso superior, faculdade, para ver se a gente melhora a condição de vida da gente, ter uma aposentadoria mais tranquila, para descansar um pouco mais depois. Porque filho a gente sabe que é para a vida toda; eles vão ficando maiores e vão ficando mais independentes, então a gente de certa forma fica mais tranquila, pelo menos eu espero* (Lúcia, 2011).

Constantemente, ao se referir às filhas, Lúcia lembra-se dos estudos:

Eu vejo que isso perde um pouquinho, minhas filhas, por exemplo, às vezes eu fico observando elas: é televisão, computador, e às vezes eu compro um livro de presente, elas não leem, não têm o hábito de ler, sabe? Eu falo: "Gente, vocês têm que ler!". A mais velha até que ainda tem, mas as outras duas não. Falo assim: "Gente, é lendo que a gente aprende a estudar, aprende a escrever a palavra certa, [a fazer] continha. Você tem que saber ler para saber o que a equação está te pedindo. Se vocês não souberem ler, vocês não sabem fazer nada, você tem que ter o hábito de leitura, tem que saber ler pra vocês aprender". Pego no pé delas, compro livro, à noite às vezes eu tomo leitura delas, mas não é aquela coisa espontânea, igual às vezes eu pegava e ficava a noite toda lendo, aquela leitura, eu viajava para tudo quanto é lugar, tudo quanto é cenário do livro (Lúcia, 2011).

Embora Lúcia não esteja desenvolvendo ações de cuidado diretas o tempo todo com as crianças no cotidiano, as suas motivações com relação a trabalhar "fora" estão sempre muito vinculadas às filhas, seja quando pensou em parar de estudar ou em sair do trabalho que não lhe permitiria acompanhá-las no dia a dia ou, ainda, quando pensa em qualificar-se mais para garantir-lhes as condições para uma trajetória escolar mais longa. A visão de Lúcia sobre o trabalho reflete a ética do cuidado, na medida em que ela se volta para as relações familiares e para a responsabilidade com o cuidado das filhas, mesmo que a distância.

Nota-se que as preocupações de cuidados com as filhas estão, sobretudo, vinculadas à relação escola-trabalho. Com efeito, a escola representa uma possibilidade de ascensão social, como mostram os estudos sobre escola e trabalho das mulheres (Duru-Bellat, 2000). Mas também é verdade que se tem exigido mais qualificação para trabalhos precários, quebrando-se a relação entre educação-trabalho digno. Fato é que, em uma sociedade competitiva, cuidar bem dos próprios filhos pode significar garantir-lhes uma vantagem em diferentes situações da vida futura. Lúcia, por exemplo, conta que havia colocado Vitória na escola de balé da Fundação Clóvis Salgado[1], a qual, embora seja uma escola pública, é muito pouco conhecida e reconhecida como um espaço a ser ocupado pelas pessoas das camadas populares. Lúcia me mostrou fotos de Vitória no balé e explicou como ela acabou se desenvolvendo bem mais que as colegas da escola e da creche. Ela se mostrava orgulhosa da sua atitude de cuidado, avaliando-a positivamente diante do sucesso da filha comparado às conquistas de outras crianças.

No que concerne ao cuidado dos/as filhos/as, a ética do cuidado, pensada de forma restrita ao âmbito das relações familiares, é problematizada por Tronto (2002, 2013). Para a autora, ao nos preocuparmos com o cuidado, constantemente não o pensamos como uma relação da sociedade, para além dos nossos familiares e de suas necessidades concretas e particulares. Dessa forma, o cuidado valorizado dentro do quadro competitivo, bem como restrito às famílias de classe média, torna-se uma forma inimiga da igualdade de oportunidades (Tronto, 2002, 2013).

3.2 Nelcina: formação e trabalho na vida adulta

A mudança para Belo Horizonte

Mudar-se para Belo Horizonte demarca para Nelcina o início de outra etapa em sua vida. Essa nova etapa não é, no entanto,

---

1. Fundação Clóvis Salgado (FCS), é responsável pela gestão do Palácio das Artes, estrutura que abriga o Centro de Formação Artística e Tecnológica (Cefart), o Cine Humberto Mauro e quatro espaços expositivos: a Grande Galeria Alberto da Veiga Guignard, as galerias Genesco Murta e Arlinda Corrêa e o espaço Mari'Stella Tristão. O Cefart, onde uma das filhas de Lúcia estudou, oferece, de forma gratuita, aulas de música e dança, cujas vagas são distribuídas via processo seletivo. Trata-se de um centro de formação bem conceituado no Brasil, o qual está relacionado à Orquestra Sinfônica de Minas Gerais, ao Coral Lírico e à Cia. de Dança Palácio das Artes, importantes grupos artísticos de Minas Gerais.

desvinculada das vivências anteriores, já que as razões da mudança relacionaram-se com as dificuldades de conseguir trabalho, sobretudo para o marido Tião. Tendo sua origem como trabalhador rural, ainda no interior —, Tião experimentou relações de trabalho no mercado formal quando trabalhou na construção da igreja da cidade. Essa experiência parece ter aberto para ele horizontes distintos daqueles até então almejados. Após o término dessa obra, na ausência de alternativa semelhante, decidiu mudar-se para a capital por não pretender submeter-se novamente às condições do trabalho na roça. Para isso, contou com o apoio do padrinho de Nelcina, que havia oferecido hospedagem em sua casa em Belo Horizonte. A análise da história de Nelcina permitiu identificar a importância de contar com o apoio de parentes ou conhecidos como condição para viabilizar a mudança, elemento já identificado por Durhan (1973, p. 189) ao analisar os movimentos migratórios do campo para a cidade no Brasil:

> A existência de um grupo de relações primárias, moldado sobre padrões de relações sociais vigentes na sociedade rural e em grande parte construído sobre relações criadas nessa sociedade, é um elemento de importância fundamental no processo de integração do migrante rural na sociedade urbana.

Entendemos que a compreensão desses elementos em trajetórias singulares permite evidenciar como as famílias tomam decisões radicais como esta, bem como o sentido do universo de relações para a sobrevivência e/ou melhoria de condições de vida do grupo familiar nas camadas populares. No relato a seguir, observa-se como Nelcina toma a decisão de acompanhar o marido:

> *(Eu falei): "[...] você vai sozinho que nada, eu vou ficar aqui fazendo o quê? Não, nem que seja para a gente cozinhar na lata." // Aí ele falou assim: "Ah, então, você é quem sabe, mas vai ser muito difícil". Eu falei:*

"Não, aonde você for eu vou com esses meninos". E viemos, naquela doideira. //Nós cozinhamos na lata, sim. Fazia comida naquelas latas de banha. Fizemos um monte de coisa, dormimos no chão. Chegamos aqui em Belo Horizonte com duas crianças, eu grávida da terceira e dois sacos, (era) a única coisa que tinha. Dois sacos assim, que eu desmanchei aqueles colchões que eram de capim, lavei aqueles panos, as vasilhas, assim, prato, que eu achei que ia precisar, coloquei tudo no saco e falei: "Isso aqui é a nossa mudança. Nós vamos junto com ela" [...]. Nós não sabíamos nem por onde passava a cidade; era só a coragem, mesmo (Nelcina, 1999).

Nelcina expressa a densidade da atitude de sair do campo, mencionando nesse relato detalhes da vida cotidiana em um lugar desconhecido, sobre os quais tinha muito pouco domínio. A cidade grande, no entanto, ao que parece, significou a possibilidade de conquistar melhores condições de vida. Eunice Durhan expressou da seguinte forma um dos significados da industrialização e da urbanização no Brasil sobre as populações rurais:

[...] a quebra do isolamento das comunidades tradicionais, a crise do sistema produtivo rural e da estrutura tradicional de autoridade, a negação dos velhos valores, a adoção de novos valores de comportamento. Em nenhum momento essa transformação se apresenta de modo tão dramático ou tão completo como quando dá origem à migração (Durhan, 1973, p. 8).

Como veremos, a migração significou para Nelcina e sua família a transformação de suas condições de vida, envolvendo um intenso processo de aprendizagens que vieram a somar-se aos saberes e valores construídos no meio rural e nas cidades do interior. Em Belo Horizonte, o destino era a casa dos conterrâneos, no bairro Pindorama, onde Nelcina iniciou a construção de uma nova rede de relações.

Eu fiquei 18 dias na casa desse pessoal, até alugar o primeiro barracão.
[...] Lá nós ficamos seis meses. Mas era um barracãozinho assim quase

caindo mesmo. Aí, ela (a proprietária) falou: "Agora, não dá mais. Vocês já têm uma estabilidade, vocês já conhecem muita gente". [...] Nós chegamos aqui dia 16 de dezembro, dia 23 de dezembro ele (seu marido) começou a trabalhar naquela construção do Mineirinho. Mas também estava na reta final. Quando foi em fevereiro eles mandaram ele embora. Mas ele já conhecia muita gente. Negócio de jogar bola, fez um monte de amigo. Aí ele trabalhou como trocador nessa empresa (linha de ônibus) aqui. Era Viação Lux, que hoje é o Coqueiros. [...] Trabalhou três anos, depois saiu. Eles tornaram a chamar, ele ficou mais um tempo. E foi nosso início de vida aqui. Foi isso" (Nelcina, 1999).

Além dos conterrâneos, a sua primeira referência de acolhimento em Belo Horizonte foi a da *tia* Enilce, que viria pouco tempo depois levá-la para a creche. Enilce Lanza, moradora de um bairro próximo (bairro Padre Eustáquio), era uma mulher atuante na comunidade trabalhando com a população pobre das imediações; é tratada por Nelcina como *Tia*. É interessante que este termo foi explicado por Nelcina como expressão de respeito, já que Enilce não gostava que a chamassem por *dona* Enilce, o que, para ela, era uma regra a ser seguida, conforme os valores adquiridos desde a infância, remetendo-nos novamente à reflexão sobre parentesco e relações de cuidado.

No seu relato, observa-se o estabelecimento de uniões pelos laços da obrigação, e as pessoas passam a se identificar como uma família porque podem contar umas com as outras, e não como um núcleo familiar consanguíneo, como no tradicional "modelo" de pai, mãe e filhos, dinâmica observada por Sarti (1996), presente também na história de Lúcia.

Primeira pessoa que me acolheu aqui foi a tia Enilce. Eu morava ali perto da garagem, e a tia Enilce tinha um [...], funcionava lá uma coisa assim, um clube... eles falavam Clube das Mães. Lá a gente tinha facilidade de comprar cobertor, filtro, as coisas mais necessárias. E a tia Enilce sempre me ajudou e às minhas meninas... [...] A gente tinha consulta médica, dentista, essas coisas que a gente precisava. Muito sacrifício, a gente morava de aluguel. E aí, foi levando a vida. Os meninos foram crescendo, e eu sempre aqui. Aí eu ganhei a menina que foi a Dilene, que eu vim esperando. Depois fiquei grávida de novo, tive a Daniela. Quando ela tinha nove meses, eu engravidei de novo. Tive um problema de saúde sério, de rins, e aí foi tudo superado. E eu engravidei de novo, quando eu tive o meu filho, que eu só tinha menina. Eram quatro meninas, aí veio um menino (Nelcina, 1999).

O Clube de Mães parece ter cumprido para ela funções importantes, tanto no que se refere ao acesso a bens e serviços essenciais para o cuidado da família quanto ao estabelecimento de relações e à criação de vínculos que lhe permitiram um *enraizamento* no bairro. Tornou-se também espaço de vivência da expressividade, de realização no plano simbólico. Sobre os Clubes de Mães, Sena (1991, p. 133-34) afirma que eles

[...] levam os grupos a fazerem uma releitura de sua vida doméstica e política. Portanto, o clube de mães, além de oferecer às mulheres do bairro cursos [...], proporcionando assim, a aprendizagem de atividades bastante úteis e proveitosas para elas, oportunizavam também a criação de vínculos que eram sustentados por relacionamentos pessoais.

Ao referir-se à sua inserção naquele grupo da comunidade, Nelcina enfatiza o termo *reunião*, que não apenas foi mencionado repetidamente, mas também parecia carregar a força que ela mesma adquiriu ao longo de sua trajetória:

A tia Enilce me chamou, me convidou para uma reunião. [...] Ainda não tinha a creche. Era o mesmo Clube de Mães, aquela coisa toda: cursos e várias coisas. Ela me convidou para uma reunião, sempre tinha reunião. A gente tinha brincadeira e tudo, e eu vim para essa reunião. Quando, chegando na reunião, a tia Enilce me apresenta como instru-

tora de crochê, para dar um curso de crochê para as mães, [...] nesse dia eu quase morri de tristeza. Eu falei: "Mas eu não consigo ensinar nada a ninguém!" (Nelcina, 1999)

Ao ser convidada para ministrar o curso para as outras mulheres, Nelcina parece ter encontrado a expressão da confiança nas suas possibilidades dentro daquele grupo do qual passava a fazer parte. Aceitou o desafio, levando tudo muito a sério. No clube, ensinava crochê e aprendia tricô:

E nessa brincadeira eu fiquei muito tempo. Dei o curso pela ASKE,[2] depois eu comecei pela LBA, trabalhei (em) um curso pelo MOBRAL, junto com a Carmem, depois eu passei a ajudar mais. Aí, fundou a creche, ainda no sistema de meio horário; chamava Creche Casulo. Foi quando começou a creche pela LBA. Até a Daniela minha [filha] *veio, quando ela tinha três anos, ia fazer quatro* (Nelcina, 1999).

O momento em que Nelcina vem para Belo Horizonte, no início da década de 1970, é fortemente marcado pela ideologia do desenvolvimento comunitário. No caso das creches, teve papel preponderante a Legião Brasileira de Assistência (LBA), em um contexto de propostas de simplificação do atendimento às crianças de famílias de baixa renda. O discurso produzido na época convocava a comunidade a participar com trabalho voluntário para combater a pobreza e a mortalidade infantil. Uma das estratégias propostas era o fortalecimento dos Clubes de Mães (Vieira, 1988).

O Projeto Casulo, lançado pela LBA em 1977, constituía-se na política para a extensão da educação pré-escolar, cuja base consistia no aproveitamento de espaços ociosos da comunidade e contava com pessoal voluntário e estímulo à participação comu-

---

2. ASKE: Assistência Social Kennedy, associação vinculada à ordem de fráteres holandeses, da Igreja Católica. Essa associação era a mantenedora da creche do bairro.

nitária. O Projeto Casulo opunha-se a soluções que demandassem alto custo para a criação e manutenção de creches para as crianças pobres (Vieira, 1986).

O relato de Nelcina é, a nosso ver, a expressão da vivência desse contexto social e político que ainda hoje persiste no atendimento às crianças de 0 a 5 anos em comunidades pobres, a despeito do direito constitucional à Educação Infantil pública. Interessante notar que as pessoas que se envolviam no conjunto de ações comunitárias de apoio às famílias pobres das periferias urbanas constituíam uma rede de relações e de ajuda mútua que independia dos laços familiares, embora também os envolvesse. No caso de Nelcina, ela contou com a ajuda inicial para alojar-se e obter condições materiais mínimas de habitação: tendo morado em barracões de aluguel, "ganhou", mais tarde, um pedaço de lote no qual, com ajuda da *tia* Enilce, construiu um barracão onde morou por oito anos. Diante de problemas para permanecer nesse lote, decidiu, mais uma vez com a ajuda da rede de relações em que se inseriu e com o apoio da família (inclusive de seus pais, que haviam se mudado para a Região Metropolitana de Belo Horizonte), comprar a casa própria. Nessa época, por volta do ano de 1987, Nelcina já era funcionária da creche, e o bairro em que foi residir era muito distante. Diante de nossa pergunta sobre a razão da mudança, ela assim se expressou:

> [...] *Aí começou a dar problema* [receios dos proprietários de que ela passasse a ter a posse definitiva do lote pelo tempo de moradia], *sabe, discussão, cara feia, até hoje. Também o pai tinha aposentado e comprou uma casa lá (no bairro Palmital, em Santa Luzia)* (Nelcina, 1999).

Resolveram, ela e o marido, tentar comprar uma casa no mesmo bairro do pai e da mãe, ainda que não contassem com recursos financeiros. Novamente, sua rede de relações veio em seu socorro. A mesma *tia* Enilce e os fráteres da congregação católica responsável pelas obras sociais da igreja, às quais a creche se vinculava, ofereceram empréstimos que viabilizaram a compra. Seu relato é bastante ilustrativo da forma de constituição das relações nesse momento de sua vida:

Aí eu falei: "É mesmo! Será que a gente consegue comprar uma casa lá?" Aí, ele [seu marido] falou assim: "Ah, a gente pode tentar..." Só que tentar mesmo, porque a gente não tinha nem um centavo. Tinha [...] um mil cruzeiros, que era aquele carequinha, viradinho assim [referindo-se à imagem impressa na nota de mil cruzeiros]. Eu tinha uma nota daquela, e a casa era doze. Aí, [...] o fráter [...] me emprestou dez, a minha irmã me emprestou um e eu já tinha um. A semana de trabalho do meu marido pagou o caminhão para levar a mudança. Foi desse jeito que a gente conseguiu. Eu fiquei uns dois anos pagando esse [empréstimo]. Aí, a tia Enilce ficou com muito dó de mim, porque o fráter emprestava — valeu na hora — só que ele cobrava juro. Aí, ela falou: "Meu Deus, o que você vai comer com seus filhos? Como que você vai ajudar seu marido? Não, não dá não". Não tinha vale-transporte, não tinha nada quando eu mudei para lá. Aí, ela falou assim: "Não, eu vou arrumar" [...]. Tirou nove mil [...], eu dei o fráter [...]. Eu falei com ele que meu marido tinha saído do serviço e tinha recebido indenização, para ele não ficar com raiva. E ela não me cobrou juros. Aí, todo mês eu recebia meu pagamento, tirava a metade e entregava à tia Enilce. Sei que quando acabou, faltando um ou dois ainda para acabar de pagar, ela (disse): "Ih, você já fez tanta coisa para mim, não precisa me dar mais dinheiro, não". Então, era assim, sabe? Sempre ela, sempre ela tentou fazer o que podia e o que não podia para mim (Nelcina, 1999).

A sua vivência da questão da moradia é representativa das experiências das famílias que vêm do interior e que, mesmo conseguindo trabalho, dificilmente obtêm uma remuneração que permite adquirir a casa própria, sendo, como é o caso de Nelcina, expulsa para as cidades da região metropolitana de Belo Horizonte. Mesmo a alternativa do pedaço de lote cedido precisou contar com a ajuda da *tia* Enilce para que se construísse a moradia. Destacamos dois elementos: um referente à possibilidade de vislumbrar a compra, uma vez que era algo que havia sido possível para seus pais, também vindos do interior; o outro, à rede de relações que Nelcina constituiu, ainda no bairro Pindorama, vinculada à sua inserção na creche, com a qual pôde contar nos momentos cruciais. A *tia* Enilce, que não apenas promoveu a primeira acolhida, mas também exerceu o papel fundamental de mediar a sua inserção na comunidade e na creche, nesse momento vem novamente em seu socorro. Sua história expressa a importância do estabelecimento de novas relações com pessoas capazes de mediar ou, mesmo, apresentar soluções para situações dramáticas vividas pela família na cidade grande.

A entrada para a creche — mais que um emprego

Nelcina deixa transparecer na sua fala sobre o seu processo de entrada para a creche que, embora tenha contado com pessoas que contribuíram de forma fundamental para essa inserção, houve da sua parte um claro movimento de incluir-se naquele universo. O percurso realizado até tornar-se educadora passou pelo trabalho voluntário:

> *Eu fazia a merenda para os meninos. Funcionava assim: as mães faziam a merenda para os meninos (cada dia era uma mãe que vinha), e eu comecei trabalhando um dia, depois comecei a trabalhar duas vezes, e fui infiltrando [...]. A gente aqui vinha para fazer uma coisa e fazia tudo* (Nelcina, 1999).

A creche fazia parte de um conjunto de atividades articuladas pela ASKE, havendo uma indiferenciação tanto do vínculo das pessoas quanto das atividades que eram desenvolvidas. Assim, envolver-se como voluntária na ASKE naquele momento significava desempenhar tarefas ora no Posto Médico, ora no Laboratório de Análises Clínicas, ora na Creche:

Tinha o posto médico que funcionava aqui, tinha laboratório, tinha tudo. Então, de acordo com a necessidade, era o que a gente fazia: era varrer um pátio, era varrer lá na rua. Nessa época era muito difícil. Não tinha água da rua; a gente tirava era água com bomba. O dia que a bomba estragava, tinha que tirar é com a mão mesmo. E foi essa luta. Mas era assim um clima muito bom. Fazia festa, as mães vinham todas para ajudar, era uma união muito boa (Nelcina, 1999).

A inserção na creche propriamente dita foi assim descrita por Nelcina:

Com o tempo, faltou uma pessoa da creche, que foi mandada embora, e a tia Enilce me pediu para ficar na creche. E nessa época eu já estava trabalhando duas vezes na semana, na creche. [...]. Aí, eu comecei. Eu vinha todo dia, de manhã até de tarde. Fazia a minha obrigação lá como creche, e fazia do prédio todo. Com o tempo a tia Enilce falou: "faltou uma pessoa, e eu acho que eu vou te colocar lá na creche" (Nelcina, 1999).

Nesse período, embora a instituição contasse com professoras em um período para oferecer a educação pré-escolar, ainda não havia a regulamentação que determinava a habilitação em magistério para o trabalho com as crianças em instituições de cuidado e educação. Assim, diferentes arranjos eram realizados de modo a suprir as necessidades de cuidados das crianças. Nelcina, que se dedicou aos trabalhos de limpeza do prédio que abrigava diferentes serviços, foi vista pela coordenadora como alguém em condições de responsabilizar-se por um grupo de crianças.

Também nesse momento (assim como quando foi chamada para ensinar crochê no clube de mães), a primeira reação foi de medo, de recusa, assim lembrada por ela na nossa conversa:

Ah, tia Enilce me coloca na cozinha, na limpeza, qualquer coisa, mas lá dentro com os meninos, não. Ela falou assim: "Pois eu quero você lá".

E eu já participava de reunião, e tinha aquelas reuniões lá na praça da CEMIG... Estava começando o Movimento de Luta (Nelcina, 1999).

A sua participação nessas reuniões ocorria a pedido da *tia* Enilce, que, estando sobrecarregada de tarefas na comunidade e/ou com o seu trabalho, mandava-a em seu lugar para que a creche permanecesse vinculada ao movimento de luta que se iniciava. Nelcina relatou que, para assegurar a participação, até mesmo seu marido e sua filha mais velha chegaram a ir às reuniões de organização do movimento de luta por creches.

Ao reconstruir sua trajetória, na sua leitura do momento anterior, ela parece imprimir uma coerência à sua história, de modo que algumas situações aparecem como etapas para se chegar a outras. Nelcina vai revelando um processo (*eu já participava*), o que parece indicar que era uma trajetória esperada (ou desejada, ou buscada por ela). Considerando que sua família passava por dificuldades financeiras, indagamos Nelcina sobre as razões de ter se inserido como voluntária. Ela assim se expressou:

Eu estava assim numa descoberta. Tudo estava sendo muito novo na minha vida, comparando minha vida antes, com essa que eu estava tendo. Então, eu estava me sentindo muito bem com aquilo ali, sabe? E me motivava era aquela esperança de um dia eu ser funcionária mesmo. Mas só que eu não pensava que era lá com os meninos. Eu pensava em tudo [...]: lavar roupa dos meninos, fazer a comida dos meninos, limpar o chão... Mas ficar lá dentro da creche, isso nunca tinha me passado pela cabeça (Nelcina, 1999).

Mesmo reconhecendo o desejo de ser funcionária da creche, ela se conferia um lugar inferior na hierarquia das ocupações dentre os trabalhos tidos como femininos. Assim, a faxina ou a cozinha lhe pareciam mais apropriados do que o trabalho junto às crianças, que ela, possivelmente, supunha ser mais qualificado e que demandava habilidades de relacionamento com as crianças e as famílias.

Recorrendo novamente a Sarti, parece-nos que a sua experiência de sair de uma cidade pequena e ir para Belo Horizonte significou, sim, alguma melhoria nas condições de vida, quando se tem como comparação as condições anteriores (Sarti, 1996). Ao referir-se aos seus motivos, Nelcina evidencia que buscou inserir-se em um universo que poderia possibilitar-lhe conseguir, mais do que um trabalho, condições para uma inserção social mais qualificada, representando oportunidades não experimentadas antes.

Seus motivos passaram pelas descobertas de si mesma e pelas possibilidades que se lhe abriam nesse novo contexto, como também pelo tipo de relação estabelecido com a *tia* Enilce, marcado pela solidariedade, pela gratidão e pelo respeito, conteúdos de sentido que, compartilhados, regem as relações entre elas:

> *Quando eu fui lá para a creche, quando eu comecei mesmo lá com os meninos, [...], aí eu já queria ser funcionária [...]. Depois que eu fiquei cinco meses é que eu vi que eu estava dando conta aqui, junto com a Vera (professora habilitada), assim um pouco agarrada atrás da Vera. Eu já estava naquela descoberta, e eu tinha muita vontade, eu estava gostando daquilo ali, [...] torcia para ficar ali. E eu desde o início, quando tia Enilce me convidou pela primeira vez, que eu não falei "não", porque eu acho que, assim, eu devia muita obrigação a ela. Me sentia muito responsável por tudo que ela falava comigo; era uma ordem para mim, pelo que ela fez por mim, pela minha família, que ela ajudava. Então, eu achava que eu tinha que me virar para satisfazer ela no que ela quisesse comigo [...]. Eu achava não, eu acho que ela é uma pessoa que eu não sei, até hoje, eu não sei falar não para ela. Que ela foi muito boa mesmo* (Nelcina, 1999).

Dizer sim à *tia* Enilce era, talvez, naquele momento, dizer sim a si mesma e alimentar a sua esperança de ter participação efetiva nesse novo universo:

> *Mas eu tinha aquela esperança de que a coisa ia melhorar e que eu ia conseguir aprender. Aprender, que eu não pensava em ir na escola,*

igual eu fui, eu não pensava em nada disso. Eu achava que ia ficar ali mesmo. O que a Vera fosse fazendo eu ia aprendendo com ela, e fui ficando, até tomar gosto (Nelcina, 1999).

Os temores de Nelcina parecem evidenciar a compreensão da responsabilidade que significava educar crianças e cuidar delas em um ambiente coletivo. O cuidar "do outro", estranho à família, não aparece na sua história pessoal e familiar, como motivador por si mesmo. Ao contrário, ela conta como foi protegida por sua mãe, de ter de exercer essa função como empregada doméstica. O processo de perceber o outro com o olhar do cuidado é descrito por ela de forma semelhante ao de Lúcia quando ela vai trabalhar no hospital. Num primeiro momento, como uma situação que gera medo, angústia, vontade de fugir. "Tomar gosto" fez parte do processo de aprendizagem que se desenvolveu com o tempo, ao lado da colega Vera.

Em todo esse processo, está presente uma marca fundamental das relações que estabelece naquele meio: Nelcina sentia que *devia obrigações* para com a *tia* Enilce. Era a sua vez de retribuir, e, novamente, a *tia* Enilce não aceitou as suas ponderações para não assumir o trabalho com as crianças. Além disso, contou com o incentivo e a confiança da colega Vera, que era professora.

Então, eu gosto muito dela. Considero ela demais, porque ela acreditou no meu trabalho e me pôs para frente mesmo. Porque eu tenho um defeito de ter pouca iniciativa; eu sou mais de ter uma escala: você vai fazer isso, isso e isso. Aí, tudo bem [...]. Eu tenho dificuldade, sabe, de criar as coisas. Aí, ela falou: "Não, vai". Eu ia lá no banheiro, chorava, chorava, voltava para a creche, e os meninos estavam aprontando. E a Vera tinha aquele jeito todo especial com os meninos. Eu falei: "Meu Deus, eu nunca vou chegar lá". [...] Ela falou assim: "Você tem cinco filhos". Eu falei: "Mas uma coisa é meus filhos, outra coisa é filho dos outros". Ela falou assim: "Não, mas o que a gente precisa é amor, carinho... Tudo isso eu sei que você tem de sobra". Aí, eu falei: "Então, eu vou tentar fazer as coisas do jeito que a senhora quer, mas eu não sei se eu vou dar conta". E fui (Nelcina, 1999).

Pelo seu depoimento, depreende-se que a demanda que se colocava para ela no desempenho das funções junto às crianças voltava-se para o suprimento das necessidades de cuidado e proteção à criança. Pelo exposto por Nelcina, a referência para avaliar suas capacidades eram, àquela época, seus atributos como mãe. Ainda que naquele momento ela tenha manifestado sua *discordância*, tal demanda, possivelmente, serviu de referência para a construção dos significados da creche e do trabalho que realizaria. Nota-se o reconhecimento de suas competências domésticas para o trabalho de cuidado; no entanto, ela expressa a consciência de que havia algo a aprender.

Dessa trajetória, que começa com a decisão de mudar-se para o maior centro urbano do estado, podemos apreender que os valores que sustentavam as relações entre as pessoas e as famílias no interior e que constituíram a forma de ser dessa mulher são acionados no novo ambiente. O cuidado entre as pessoas, realizado das mais diferentes formas, implica a consideração das necessidades e das condições de cada um em cada situação, correspondendo à *resposta adequada*. Esta, no entanto, não se revela em uma única direção. Ser ajudada cria um vínculo de obrigação que se traduz em reciprocidade e compromisso uns com os outros. Trata-se, a nosso ver, de capacidades e de disposições adquiridas ao longo da socialização dessas pessoas, dentro e fora do grupo familiar restrito, as quais constituem subjetividades que, nas relações, se reforçam mutuamente conforme as necessidades e demandas que se apresentam a cada momento.

A permanência na creche: mulheridade

Na experiência de Nelcina, identificamos outros elementos relacionados à sua experiência como educadora na creche comunitária que permitem nos aproximarmos um pouco mais do conjunto das ações e significações que integram o cuidado. Na sequência ao seu relato, Nelcina, ao mesmo tempo em que informa sobre o cansaço, decorrente possivelmente da distância que se colocou entre a casa e o trabalho e também das demandas de sua atividade na creche, elucida as razões pelas quais permaneceu na creche após a mudança de bairro:

> *Teve uma época que eu fiquei até cansada. Falei: "Ah, acho que eu vou sair daqui. Estou ficando muito nervosa". [...] Eu conversei com a Bia [e pedi a ela]: "Você pede a d. Lúcia [coordenadora da creche], ver o que ela pode fazer para mim, se ela libera alguma coisa, que eu acho que eu não vou ficar aqui mais não. Eu estou muito cansada e acho que eu não vou dar conta de trabalhar aqui mais não". Aí, a Bia falou assim: "Mas você tem certeza?" Eu falei: "Tenho, mas conversa rápido antes que eu arrependo". [...] No outro dia a gente ia fazer o desfile da primavera e eu ia ter que vir. Eu vim, mas numa tristeza!... Parecia que eu já tinha até saído da creche. Fiquei emburrada. E dona Lúcia passou perto de mim e falou assim: "Olha, você não vai embora quando acabar o desfile, não, que eu preciso conversar com você". Eu falei: "A Bia conversou com a senhora, d. Lúcia?" (Ela disse): "Conversou, e eu estou precisando de um esclarecimento seu". Eu falei: "Iihhh". É porque na época eu já entendia [...] a responsabilidade, e eu estava vendo muita educadora que não tinha responsabilidade. Então, eu achava que eu que estava implicando demais. É porque... (eu pensava): "Não pode, eu devo estar muito chata". Mas não era; era porque a pessoa [...] não queria saber o que estava acontecendo, e eu já nessa época, [...] tinha aquele esclarecimento que a criança, ela não podia ficar brincando sozinha; você tinha que estar sempre acompanhando. E eu estava vendo: as meninas não queriam nada. Eu falei: "Gente, mas está difícil demais!" Aí, quando acabou, D. Lúcia me chamou. Nós fomos para uma salinha [e ela disse]: "Você vai me contar o que está acontecendo, por que você quer sair daqui?"* (Nelcina, 1999)

Quando diz que *já entendia*, Nelcina parece indicar um processo no qual fora incorporando novos conhecimentos que reforçavam sua compreensão da responsabilidade exigida pelo trabalho de cuidado e educação das crianças no espaço coletivo. Diante do desconforto de perceber situações consideradas inadequadas sem que tivesse autoridade para operar mudanças — seja autoridade ancorada em estatuto profissional ou mesmo de reconhecimento social —, sua reação, de modo geral, indica semelhanças com as estratégias de defesa das mulheres no trabalho, descritas por Pascalle Mollinier (2004) como "mulheridade".

Segundo a autora, mulheridade é "uma identidade defensiva de sexo", cuja noção designa o conjunto das condutas com as quais uma mulher se esforça para evitar as represálias das quais tem medo de ser vítima, se ela não se conformar ao que é esperado das mulheres (Mollinier, 2004). Nesse caso, o que é esperado de Nelcina é que ela proteja as crianças, mantenha o ambiente limpo, os brinquedos no lugar etc. Semelhantemente à ideia de mulheridade, essa atitude de defesa também se manifesta nas profissões masculinas, demandando os recursos simbólicos da *virilidade*. Eles ajudam a guiar, por exemplo, condutas masculinas que causam repulsa, nojo, como ter que "vigiar" trabalhadores de uma obra de construção civil, demitir as pessoas, matar animais no açougue, coletar lixo. E, na profissão de mulheres e para mulheres, o que se supõe para superação dos obstáculos "coincide" com os atributos da feminilidade.

A noção de mulheridade deriva da psicodinâmica do trabalho, quando essa disciplina passou a mostrar que, para defender-se do sofrimento no trabalho, as pessoas também cooperavam com este. Defesas como a mulheridade e virilidade orientam formas de pensar, ocultando uma parte substancial da experiência que traz sofrimento e já não faz mais parte do debate. Essas defesas podem, em alguma medida, embelezar a realidade, como no caso anterior, eliminando a desordem, deixando o ambiente mais agradável. Mas elas constantemente oscilam com atitudes violentas. Por isso, para defender-se desse universo que demanda a proteção de muitas crianças, Nelcina se afirma como ainda mais capaz de fazê-lo, em oposição às colegas.

A reação da coordenadora indica também o lugar que Nelcina já ocupava àquela altura na instituição. Tratava-se de alguém de quem não se abria mão facilmente. Recordando o diálogo com D. Lúcia, a coordenadora, ela assim se expressou:

> *[D. Lúcia]: "Cansada eu sei que você está, mas isso não é motivo". Aí, eu falei: "Ah, dona Lúcia, não é motivo mesmo, não. Então, eu vou falar com a senhora, mas não quero que essa coisa saia daqui de dentro, que eu não quero problema [...] com ninguém que trabalha aqui. Eu quero ter um relacionamento bom. E eu não quero ser dedo-duro. Então, é por isso que eu estou querendo sair, porque eu estou achando que eu é que estou muito enjoada. Eu acho que eu estou querendo saber demais". Aí, ela [disse]: "Mas o que está acontecendo?" Aí, eu expliquei para ela. Falei assim: "Eu acho que essas educadoras aqui [...], não sei se são elas que estão devagar ou se é eu que estou muito agitada [...]: deixa menino sozinho para lá, menino machuca, brinquedo jogado para todo lado, coisa estragando... Então, eu acho que isso não está certo. Mas como eu não tenho certeza se não está certo ou se sou eu que estou enjoada, eu prefiro sair e deixar as pessoas novas aí". [Ela falou assim]: "Você não vai sair daqui". Eu falei: "Eu vou, vou". [...] Ela [falou]: "Não, porque eu já tenho uma lista de gente..." Aí, trocou, intercalou, pôs uma num canto, outra noutro, separou aquelas panelinhas, [...]. Aí, pronto, acabou a confusão. Começou [...] a fazer reunião, explicar, a falar que estava tendo muito brinquedo desperdiçado, comprava as coisas e de repente estava tudo quebrado, jogado, levava brinquedo para o pátio, não recolhia... Então, eu [pensei]: "Ah, então acho que não era eu que estava muito enjoada, não. Eu acho que as coisas não podem ser dessa forma" (Nelcina, 1999).*

Sair da creche seria uma consequência possível e provável da sua mudança, justificada por uma questão objetiva: a distância da casa em relação ao trabalho. No entanto, a sua justificativa relacionava-se com questões internas ao trabalho. É possível que ela de fato refletisse, naquele momento, sobre os dois elementos: o desconforto com o andamento do trabalho na creche e as dificuldades decorrentes da distância da moradia em relação ao local de trabalho. Acompanhando, no entanto, a forma como ela argumenta para justificar sua decisão de demitir-se da creche, observa-se que ela age de forma a viabilizar sua permanência: passa pela questão do cansaço (objetiva) e, no momento de tomar a decisão, muda o rumo da conversa para uma questão que naquele momento era reversível, ou seja, a das relações internas ao trabalho, o que não se colocava em relação à sua moradia. Parece que a ambiguidade do sentimento (vivida ou lembrada no momento da entrevista dessa forma), de desejar e não desejar permanecer, a conduziu de modo a viabilizar a permanência, deslocando o eixo dos conflitos por ela vividos.

A sua *dificuldade* em sair da creche, expressa por frases como: *"Mas conversa rápido antes que eu arrependo"* ou *"Fiquei emburrada"*, parece evidenciar a importância dos vínculos construídos no bairro, na creche e na comunidade. A tristeza de que teria sido tomada ao decidir sair parece expressar a importância daquele lugar na sua vida. Além de funcionária da creche, Nelcina também vivenciou a situação de usuária daqueles serviços, através da pré-escola. Seus dois filhos mais novos, uma menina e um menino, frequentaram-na em regime parcial. Em seu relato, Nelcina frisa que, como funcionária da creche, contava com um desconto nas mensalidades, mas que eles tinham *o mesmo direito que todo mundo tinha.*

Ao lado de toda a discussão que associa as características do trabalho em creches a uma atividade feminina, a condição de instituição comunitária, em que os vínculos em geral extrapolam a dimensão profissional, parece ter propiciado a conciliação do trabalho fora de casa com a solução satisfatória para o cuidado com os filhos pequenos. Essa condição permitiu que seus filhos tivessem acesso à pré--escola, praticamente inexistente na rede pública naquele momento.

No entanto, embora não tenha tido a experiência de delegar a parentes ou vizinhos adultos o cuidado com suas filhas e seu filho, observa-se em sua história a participação das filhas mais velhas no cuidado com os irmãos mais novos, inclusive responsabilizando-se por levá-los e buscá-los na creche. Também em Belo Horizonte, assim como em sua família de origem, parece haver uma divisão de responsabilidades como possibilidade para assegurar a sobrevivência de todos. Cuidar do outro não se faz em uma única direção, em que adultos cuidam e crianças são cuidadas tal como se revelou em sua infância, bem como foi observado na família de Lúcia e de sua mãe, D. Elisa. Embora revelando mudanças e conquistas importantes em suas condições de vida, seu relato evidencia a reprodução das condições de aprendizagem do cuidado e de sua prática no interior da família. Tais condições caracterizam-se por manter ações fundamentais para a sobrevivência, a proteção e o bem-estar de adultos e crianças *com a participação de todos.*

Para Nelcina, ao que nos parece, o círculo de relações do qual passou a fazer parte significava a abertura de novos horizontes. Na figura da *tia* Enilce, encontrou o acolhimento que expressava o reconhecimento do seu valor como pessoa, em um primeiro momento. Em seguida, essa relação significou o acesso a situações em que podia ultrapassar a mera satisfação de suas necessidades básicas e as da sua família. As reuniões do Clube de Mães parecem ter possibilitado uma nova percepção sobre si mesma e sobre suas possibilidades, encontrando-se entre pessoas que compartilhavam uma condição semelhante à sua.

A inserção na creche parece ter seguido etapas que se relacionavam, ao mesmo tempo, com a precariedade das condições de funcionamento da instituição e com o seu processo de aprendizagem e de conquista de um lugar nesse novo espaço. Inserir-se como voluntária, realizando todo tipo de tarefas que se fizessem necessárias, fazia parte das regras que regiam as relações entre pessoas que se ajudavam mutuamente. *Tia* Enilce, pertencente a outro meio social, era, sem dúvida, a grande benfeitora, nas palavras de Nelcina, a *mãe do Pindorama*, mas também ela precisava contar com o envolvimento e o empenho daqueles(as) a quem ajudava.

Por outro lado, Nelcina também não podia contar com outra forma de inserção, pois, de acordo com a sua interpretação das suas possibilidades, à época não teria muito a oferecer. No entanto, mesmo estando encarregada das funções de serviços gerais antes de ir trabalhar com as crianças, o trabalho na creche ocorria em um contexto institucional e em um lugar de reflexão sobre as condições de vida das pessoas da comunidade. Além disso, tratava-se, de alguma forma, de algo *seu* e que não se esgotava na mera execução de tarefas sem sentido. Ao contrário, tinha o significado da construção de um equipamento *da* e *para* a comunidade à qual veio se integrar, beneficiando-se da creche, desde o seu início.

Considerações finais

Com este trabalho, nosso desafio era refletir sobre o cuidado, mais especificamente, sobre os sentidos que essa prática assume para as pessoas que o exercem em diferentes contextos. Nosso interesse pela compreensão dessa relação social (o cuidado) inerente, portanto, irrenunciável da experiência humana, constituiu-se por caminhos distintos. De um lado, a realização de estudos e pesquisas que tinham como problemas as diferentes formas de desigualdades envolvendo as mulheres e a inserção no campo da Enfermagem, e, de outro, o interesse específico pelas condições da prática profissional (após a LDB de 1996, docente) com crianças pequenas na Educação Infantil, conduziram-nos para a busca de compreensão das experiências sociais de mulheres que se dedicam a essas ocupações.

Interessava-nos, no entanto, desvelar os processos sociais que as levaram a essas atividades e os elementos subjetivos que concorreram para essa inserção. As perspectivas teóricas que nos informavam eram aquelas segundo as quais as ações sociais são dotadas de sentidos, subjetivamente visados pelos atores. Sustentávamos também a formulação do problema e as análises na compreensão da vida social marcada pelos conflitos gerados pelas múltiplas desigualdades, todas elas estruturantes dos sistemas sociais complexos, como são as sociedades contemporâneas. Interessava-nos também que as diferentes clivagens pudessem ser abordadas na compreensão dos sujeitos — mulheres que cuidam — sem hierarquizar aquelas que supostamente melhor explicariam as condições e os sentidos que o trabalho de cuidar assumia para elas. Nessa direção, procuramos explicitar elementos das trajetórias de duas mulheres que generosamente nos contaram um pouco de suas vidas, orientadas por nossas indagações e, também, por aquilo que mobilizavam durante nossas interações e, talvez, em outros momentos de intervalo entre os encontros entre pesquisadoras e pesquisadas. Tínhamos consciência da densidade da situação de entrevista (também) para as entrevistadas. Ao explorar seus sentidos, compreendemos que dar visibilidade a experiências sempre invisíveis na sociedade, porque não valorizadas (desvalorizadas) e porque são partes dos pilares que sustentam as desigualdades que asseguram privilégios da parcela que detém poder (econômico, político etc.) na estrutura social, confirma a importância não apenas de nos dedicarmos a esse objeto de estudos, mas de elucidá-lo por meio do diálogo entre a discussão teórica que tem se avolumado contemporaneamente e a experiência vivida.

Sabemos que muito há que desvendar. Nos limites deste trabalho, abordamos um pequeno recorte de modo a relacionar as trajetórias de Lúcia e de Nelcina às condições de aprendizagem — no sentido das disposições e habilidades e, também, da atribuição de sentidos a essa atividade — do cuidado.

Suas práticas evidenciaram-se como uma continuidade entre as condições de socialização das meninas, das jovens e das mulheres das camadas populares e entre as gerações de mulheres desse grupo social. Revelaram-se, também, como ruptura com destinos previsíveis e esperados.

Nessa direção, observamos, no âmbito mais geral, que as agentes cuidadoras, bem como as transições entre quem cuida e quem recebe cuidado, estão fortemente marcadas pela condição de classe social e de gênero. Assim, a classe social mostrou-se radicalmente ligada à conformação do pensamento do cuidado nas famílias dessas mulheres, o qual se constituiu como uma contribuição para relações de troca/obrigação, passível de ser dada pelas meninas, já que é algo considerado parte da essência das mulheres, da ordem dos comportamentos e sentimentos da "natureza" feminina. Apesar de essa noção do cuidado ter base na simbologia naturalista, as mães de Lúcia e de Nelcina, de formas diferentes, são as orientadoras da aprendizagem de cuidado, delegado por elas, sobretudo, às filhas mais velhas, encarregadas de cuidar das irmãs e dos irmãos.

Apreendemos regularidades e singularidades que nos informam sobre as dinâmicas sociais das relações inter e intrageracionais nas quais o cuidado de si, do outro e do ambiente se fazem presentes nas famílias dessas duas mulheres com a configuração há pouco descrita: não necessariamente são os adultos que sempre cuidam das crianças, nem sempre as crianças são cuidadas na forma como entendemos seus direitos atualmente. Nas duas histórias, contrariamente ao esperado no que concerne à direção que deve assumir a relação de cuidados — adultos cuidam de crianças —, foi possível apreender a importância da infância como uma etapa de vida em que ocorre a aprendizagem de cuidados por meio do exercício da atividade de cuidar pelas crianças.

É na trajetória de Lúcia que vemos com mais destaque outro elemento presente nas histórias dessas duas mulheres: como filha mais velha, era a principal cuidadora das irmãs e de um irmão, sendo o seu trabalho um *trabalho-castigo*, no qual se evidenciavam constantes situações de violência e vulnerabilidade. Embora se evidenciasse uma rede de cuidados familiares que minimamente se mobilizava em torno de Lúcia e das irmãs e do irmão, garantindo-lhes a assistência para a sobrevivência, elas ficavam constantemente afastadas do convívio comunitário, sozinhas, tendo que *se virar*. É na experiência de Lúcia que encontramos com maior força a *socialização às avessas*.

Já Nelcina participava do trabalho da família na roça, desenvolvendo com a sua mãe as atividades das mulheres (preparar a comida, olhar os irmãos, levar comida para o pai). No seu relato, embora sua mãe a protegesse do trabalho doméstico externo, tal proteção também se relacionava à possibilidade de trabalhar "para fora" e, ao mesmo tempo, cuidar dos irmãos. É na sua trajetória que encontramos com maior força, além da naturalização do trabalho produtivo das crianças, com o início do envolvimento em atividades direta ou indiretamente relacionadas ao sustento do grupo familiar em idade precoce, a exposição, desde bebês, às intempéries e aos riscos que o ambiente de trabalho rural apresentava. Assim, os cuidados se apresentavam dentro de limites muito reduzidos, no interior dos quais os adultos se esforçavam por assegurar a vida e alguma condição de acesso a bens simbólicos (a escola) e à brincadeira, notadamente escassos em sua experiência.

É também Nelcina que nos permite nos aproximarmos das experiências de conquistar condições mínimas de sobrevivência e, portanto, de cuidado, no enfrentamento do ambiente urbano para famílias que migraram dos territórios rurais nos anos 1970. Se associarmos sua experiência e a de sua família às indicações que os estudos sobre cuidado têm construído, vemos um exemplo forte da assunção das funções de cuidado na sociedade por parte dos grupos subalternizados — no seu caso, mulheres oriundas de áreas rurais desprovidas dos meios de produção e manutenção da vida. Expressa com a mesma força a invisibilidade e a desvalorização do trabalho doméstico, que, no seu caso, associava-se de forma direta ao trabalho classicamente definido como produtivo sob responsabilidade do homem. Toda a família mudava-se para as fazendas que empregavam mão de obra temporária e criava uma estrutura precária de moradia para o descanso e as atividades básicas de cuidado com os membros da família. Dentre essas atividades estava o preparo e o envio (geralmente por meio das crianças) do alimento para o pai na lavoura. Como ficou evidente em seu relato, essa era a condição fundamental para o trabalho produtivo em situações extremamente precarizadas para os trabalhadores. Além disso, as mulheres — mãe e filhas — assumiam o trabalho de cuidados para outras famílias em condições talvez um pouco melhores de vida, como era o caso da lavagem de roupas.

Nota-se que, tanto nas narrativas de Lúcia quanto nas de Nelcina, a instabilidade das formas de prover a vida, sobretudo no âmbito público dos empregos, manifestada na perda do emprego dos pais ou maridos, ou a condição de sazonalidade da produção, incide sobre a dinâmica da casa, fazendo com que as crianças estivessem mais vulneráveis a trabalhar precocemente como cuidadoras, já que suas mães se voltam para o trabalho assalariado.

Evidencia-se em todas as gerações descritas que, ainda que as mães, como responsáveis pela autoridade da casa, sejam as principais agentes gerenciadoras do cuidado, elas, nessa condição, não são as principais cuidadoras, pensando o cuidado como uma relação face a face. Também vimos que, embora o cuidado seja parte de uma rede em que todos os agentes são vulneráveis, as mulheres são responsáveis por cuidar e, muitas vezes, elas também se colocam à prova da capacidade de cuidar, o que é, de certo modo, uma proteção do cuidado como algo feminino. Essa última observação pode estar relacionada a um modo de pensar próprio da moral que envolve o cuidado, no sentido de conservação das relações existentes, bem como à necessidade tácita de receber cuidado como parte de uma rede de relações e, ainda, como "mulheridade", uma forma de proteger-se dos medos diante do cuidado.

Embora não sejam as únicas cuidadoras dos filhos, Lúcia e Nelcina revelam uma mudança na forma de perceber as crianças como potenciais cuidadoras. A visão da maternidade como uma escolha e/ou combinada a uma melhoria nas condições objetivas de vida é importante para a recolocação do lugar das crianças como pessoas com as quais se tem obrigações, isto é, virar pelo avesso a socialização recebida. Elas percebem suas filhas como pessoas que necessitam de cuidados e que não podem cuidar autonomamente de si mesmas ou umas das outras, no caso das filhas de Lúcia. Apesar disso, elas demonstram a fragilidade de se delegar cuidado a outrem, seja o marido, a mãe ou às airmãs e o irmão (no caso de Lúcia), ou a sua família que é migrante (no caso de Nelcina). Nota-se a ênfase que a escola adquire como um espaço a compor a rede de cuidados e a escolarização como uma importante dimensão do cuidar bem das(os) filhas(os).

Como afirmou Tronto (1987, 2013), os grupos subalternizados e, sobretudo, as mulheres desses grupos ocupam posições muito diferentes na ordem social, que justificam e são justificadas pela posição desigual que ocupam como cuidadoras na nossa sociedade. A escolha do cuidado como profissão evidencia o caráter contínuo dessa prática na construção da alteridade e compaixão relacionadas à pessoa a ser cuidada, como no caso de Lúcia e Nelcina. Em meio a esses sentimentos, que também se constroem na e pela falta de opções, a escolha razoável de ser uma trabalhadora de cuidados revela ainda uma possibilidade de afastar-se do cuidado no ambiente doméstico, seja na família, seja como empregada de outras famílias. Os trabalhos de cuidado fora de casa como enfermeiras técnicas passam a ser menos um "dom" e mais uma possibilidade concreta de trabalho assalariado, que significa autonomia econômica, mas também autonomia sobre o próprio lugar de mulher, subordinado aos valores familiares.

Assim, concordamos com Tronto (1987, 2013) que, em termos éticos, essas mulheres sejam favorecidas, de algum modo, por suas experiências diárias. Em certa medida, elas constroem uma rede de relações referenciada na troca e no respeito, na solidariedade que constitui e é constituída nas relações em que o papel dessas mulheres diz respeito ao cuidado.

E, para finalizar, as histórias dessas duas mulheres jogam luz sobre uma prática que, de tão necessária e inerente à vida humana, passa despercebida. Com isto, queremos dizer que, sob as mais contraditórias condições, as experiências vividas e contadas permitem ver a teia de ações, omissões, saberes e disposições que favorecem a vivência positiva das origens e do "destino" de cuidadoras.

Referências bibliográficas

ADORNO, Sérgio. A experiência precoce de punição. In: MARTINS, José de Souza (Org.). *O massacre dos inocentes:* a criança sem infância no Brasil. São Paulo: Hucitec, 1993. p. 181-209.

ALMEIDA, Maria C. P.; ROCHA, Juan S. Y. *O saber de enfermagem e sua dimensão prática.* São Paulo: Cortez, 1989.

BADINTER, Elisabeth (1949). *O conflito:* a mulher e a mãe. Trad. Véra Lucia dos Reis. Rio de Janeiro: Record, 2011.

BERTAUX, Daniel [1980]. El enfoque biográfico: su validez metodológica, sus potencialidades. *Proposiciones,* Costa Rica, n. 29, p. 1-22, 1999.

BOFF, Leonardo. *Saber cuidar:* ética do humano — compaixão pela terra. Petrópolis: Vozes, 1999.

BORGEAUD-GARCIANDIA, Natacha; HIRATA, Helena; MAKRIDOU, Efthymia. Note de lecture Gilligan, Tronto, Laugier, Molinier, Paperman. *Cahiers du Genre,* Paris, n. 49, p. 220-25, 2010.

BRASIL. *Estatuto da criança e do adolescente.* Lei n. 8.069, de 13 de julho de 1990.

_____. Ministério da Educação e do Desporto/Secretaria de Ensino Fundamental. *Por uma política de formação do profissional da educação infantil.* Brasília, 1994.

BRASIL. *Lei de Diretrizes e Bases da Educação Nacional.* Lei n. 9.394, de 23 de dezembro de 1996.

_____. Diretrizes Curriculares Nacionais para a Educação Infantil. *Resolução CEB*, n. 1, 7 de abril de 1999.

_____. Conselho Federal de Enfermagem. *Resolução 272/2002.* Rio de Janeiro, 27 de agosto de 2002.

_____. Ministério da Saúde. *Estatuto da criança e do adolescente.* 3. ed. Brasília: Ministério da Saúde, 2006a.

_____. Ministério da Saúde. Secretaria de Atenção à Saúde. Departamento de Atenção Básica. *Política nacional de atenção básica.* Brasília: Ministério da Saúde, 2006b.

_____. Diretrizes Curriculares Nacionais para a Educação Infantil. *Resolução CEB*, n. 5, 17 de abril de 2009 (2009a).

_____. Emenda Constitucional n. 59, de 11 de novembro de 2009. Presidência da República, 2009a.

_____. Conselho Federal de Enfermagem. *Resolução n. 358/2009.* Brasília, 15 de outubro de 2009b.

_____. Ministério da Saúde. Sistema de Vigilância de Violências e Acidentes (VIVA). *Abuso sexual é o segundo maior tipo de violência.* Disponível em: <http://portalsaude.saude.gov.br/portalsaude/noticia/5242/162/abuso-sexual-e-o-segundo%3Cbr%3E-maior-tipo-de-violencia.html>. Acesso em: 2 set. 2012.

_____. Instituto de Pesquisa Econômica Aplicada. Trabalho para o mercado e trabalho para casa: persistentes desigualdades de gênero. *Comunicado do IPEA*, Brasília, n. 149, p. 1-17, 2012.

COSTA, Albertina de Oliveira et al. (Orgs.). *Mercado de trabalho e gênero*: comparações internacionais. Rio de Janeiro: Editora FGV, 2008.

CAMPOS, Maria M. Educar e cuidar: questões sobre o perfil do profissional de educação infantil. In: BRASIL. Ministério da Educação e do Desporto/Secretaria de Ensino Fundamental. *Por uma política de formação do profissional da educação infantil*. Brasília, 1994. p. 32-42.

CARVALHO, Maria Regina V. de. *Perfil do professor da educação básica*. Brasília, DF: Instituto Nacional de Estudos e Pesquisas Educacionais Anísio Teixeira, 2018. (Série Documental. Relatos de Pesquisa; n. 41)

CARVALHO, Marília P. *No coração da sala de aula:* gênero e trabalho docente nas séries iniciais. São Paulo: Xamã, 1999.

CHODOROW, Nancy [1978]. *Psicanálise da maternidade:* uma crítica a Freud a partir da mulher. Tradução de Nathanael C. Caixeiro. Rio de Janeiro: Rosa dos Tempos, 1990.

CRAIDY, Carmem Maria. A política de educação infantil no contexto da política da infância no Brasil. SIMPÓSIO NACIONAL DE EDUCAÇÃO INFANTIL, 1. *Anais...* Brasília: MEC/SEF/DPE/COEDI, 1994. p. 18-21.

CURY, Carlos R. J. *A educação infantil como direito. Subsídios para credenciamento e funcionamento de instituições de educação infantil*. Brasília: MEC/SEF/DPE/COEDI, 1998. p. 9-15.

DARAHEM, Gabriela Campos; SILVA, Ana Paula S. da; BORGES, Nina Rosa do Amaral Costa. Da teoria do apego à rede de significações: Maria Clotilde Rossetti-Ferreira e a psicologia do desenvolvimento brasileira. *Temas em Psicologia*, Ribeirão Preto, v. 17, n. 1, p. 191-207, 2009.

DAUSTER, Tânia. Uma infância de curta duração: trabalho e escola. *Caderno de Pesquisa*, São Paulo, n. 82, p. 31-6, 1992.

DIAS, Regina Célia. *O Movimento de Luta Pró-Creche de Belo Horizonte*: a prática social de mulheres na construção de identidades sociais e de uma nova cidadania. 1995. 163 f. Dissertação (Mestrado em Educação) — Faculdade de Educação, Universidade Federal de Minas Gerais, Belo Horizonte.

DIEESE. *As Mulheres no Mercado de Trabalho Brasileiro: Informações qualitativas e quantitativas*. 2011. Relatório de Pesquisa. 181 p. São Paulo, São Paulo.

DUMONT-PENA, Érica. *A "caixa-preta" do cuidado*: relações de gênero e histórias de vida de trabalhadoras técnicas de enfermagem. 2012. Dissertação (Mestrado) — Faculdade de Educação, Universidade Federal de Minas Gerais, Belo Horizonte.

DURHAN, Eunice R. *A caminho da cidade*: a vida rural e a migração para São Paulo. São Paulo: Perspectiva, 1973.

DURU-BELLAT, Marie. Filles et garçons à école, approches sociologiques et psychosociales. In: FORQUIN, J. C. (Org.). *Sociologie de l'education* — nouvelles approuches, nouveaux objets. Paris: INRP, 2000. p. 221-87.

FILGUEIRAS, Cristina Almeida C. *L'enjeu des droits sociaux au Bresil*: organizations populaires e politiques sociales (études de cas a Belo Horizonte dans les années 1979- 1988). 1992. Tese (Doutorado em Sociologia) — École des Hautes Études en Sciences Sociales, Paris.

GILLIGAN, Carol [1982]. *Teoria psicológica e desenvolvimento da mulher*. Tradução de Natércia Rocha. Lisboa: Fundação Calouste Gulbenkian, 1997.

GOHN, Maria da Glória M. *A força da periferia*: a luta das mulheres por creches em São Paulo. Petrópolis: Vozes, 1985.

GOMES, Jerusa Vieira. Socialização primária: tarefa familiar? *Cadernos de Pesquisa*, São Paulo, n. 19, p. 54-61, 1994.

GUIMARÃES, Nadya A.; HIRATA, Helena S.; SUGITA, Kurumi. Cuidado e cuidadoras: o trabalho de *care* no Brasil, França e Japão. Tradução de Philippe Dietman. *Sociologia e Antropologia*, Rio de Janeiro, v. 1, n. 1, p. 151-80, 2011.

HADDAD, Lenira. *A creche em busca de identidade*. São Paulo: Loyola, 1991.

_____. *A creche em busca de sua identidade:* perspectivas e conflitos na construção de um projeto educativo. 3. ed. São Paulo: Loyola, 2002.

HIRATA, Helena. Globalização e divisão sexual do trabalho. *Cadernos Pagu*, Campinas, v. 2, n. 17/18, p. 139-56, 2001.

HIRATA, Helena. Teorias e práticas do *care*: estado sucinto da arte, dados de pesquisa e pontos em debate. In: FARIA Nalu; MORENO, Renata (Orgs.). *Cuidado, trabalho e autonomia das mulheres*. São Paulo: SOF, 2010. p. 42- 56.

_____; GUIMARÃES, Nadya Araujo (Orgs.). *Cuidado e cuidadoras*: as várias faces do trabalho do *care*. São Paulo: Atlas, 2012. 236 p.

_____; KERGOAT, Danièle. Novas configurações da divisão sexual do trabalho. *Cadernos de Pesquisa*, v. 37, n. 132, p. 595-609, set./dez. 2007.

_____ et al. (Orgs.). *Dicionário crítico do feminismo*. São Paulo: Unesp, 2009.

HIRATA, Helena; KERGOAT, Danièle. Novas configurações da Divisão Sexual do Trabalho. *Cadernos de Pesquisa*, v. 37, n.132, p. 595-609, set./ dez. 2007.

HORTA, Wanda A. *A observação sistematizada na intensificação dos problemas de enfermagem em seus aspectos físicos*. Rio de Janeiro: Escola de Enfermagem Ana Neri — UFRJ, 1968.

_____ [1979]. *Processo de enfermagem*. 16. ed. São Paulo: EPU, 2005.

KERGOAT, Danièle. Divisão sexual do trabalho e relações sociais de sexo. In: EMÍLIO, Marli et al. (Orgs.) *Trabalho e cidadania ativa para as mulheres*: desafios para as políticas públicas. São Paulo: Coordenadoria Especial da Mulher, 2003.

_____. Dinâmica e consubstancialidade das relações sociais. *Novos Estudos CEBRAP*, São Paulo, n. 86, p. 93-103, mar. 2010.

KUHLMANN Jr., Moysés. *Infância e educação infantil*: uma abordagem histórica. Porto Alegre: Mediação, 1998.

LAHIRE, Bernard. *Sucesso escolar nos meios populares*. São Paulo: Ática, 2004.

LEININGER, Madeleine (Ed.). *Culture care diversity and universality*: a theory of nursing. New York: National League for Nursing, 1991.

LONGARAY, Vanessa K.; ALMEIDA, Miriam de A.; CEZARO, Paula de. Processo de enfermagem: reflexões de auxiliares e técnicos. *Texto e Contexto Enfermagem*, Florianópolis, v. 17, n. 1, mar. 2008.

LOPES, Marta Júlia M.; LEAL, Sandra Maria C. A feminização persistente na qualificação profissional da enfermagem brasileira. *Cadernos Pagu*, Campinas, n. 24, p. 105-25, jan./jun. 2005.

_____; MEYER, Dagmar E.; WALDOW, Vera R. (Orgs.). *Gênero e saúde*. Porto Alegre: Artes Médicas, 1996.

MACHADO, Lia Z. Masculinidades e violências: gênero e mal-estar na sociedade contemporânea. In: SCHPUN, M. R. (Org.). *As várias dimensões do masculino*: traçando itinerários possíveis. São Paulo/Santa Cruz do Sul: Boitempo/Edunisc, 2004.

MARANHÃO, Damaris G. *O cuidado como elo entre a saúde e a educação*: um estudo de caso no berçário de uma creche. 1998. 150 f. Dissertação (Mestrado) — Universidade Federal de São Paulo, São Paulo.

_____; SARTI, C. A. Cuidado compartilhado: entre famílias e profissionais em uma creche. *Interface — Comunicação, Saúde, Educação*, Botucatu, v. 11, n. 22, p. 257-70, maio/ago. 2007.

MARANHÃO, Damaris G.; SARTI, Cynthia A. Creche e família: uma parceria necessária. *Cad. Pesqui*, vol. 38, n. 133, pp. 171-194. 2008

MARTINS, José de Souza. *Caminhada no chão da noite*: emancipação política e libertação nos movimentos sociais do campo. São Paulo: Hucitec, 1989.

_____ (Org.). *O massacre dos inocentes*: a criança sem infância no Brasil. São Paulo: Hucitec, 1993.

MEYER, Dagmar E.; LOPES, Marta J. M.; WALDOW, Vera R. (Orgs.). *Maneiras de cuidar, maneiras de ensinar*: a enfermagem entre a escola e a prática profissional. São Paulo: Artes Médicas, 1995.

MOLLINIER, Pascale. O ódio e o amor, caixa-preta do feminismo? Uma crítica da ética do devotamento. Tradução de Nina de Melo Franco. *Psicologia em Revista*, Belo Horizonte, v. 10, n. 16, p. 227-42, dez. 2004.

_____. A dimensão do cuidar no trabalho hospitalar: abordagem psicodinâmica do trabalho de enfermagem e dos serviços de manutenção. *Revista Brasileira de Saúde Ocupacional*, São Paulo, v. 33, n. 118, p. 6-16, 2008.

MONTHENEGRO, Thereza. *O cuidado e a formação moral na educação infantil*. São Paulo: Educ, 2001.

NORONHA, Olinda Maria. *De camponesa a madame*: trabalho feminino e relações de poder no meio rural. São Paulo: Loyola, 1986.

OLIVEIRA, Zilma de Moraes et al. *Creches*: crianças, faz de conta & cia. Petrópolis: Vozes, 1992.

ROCHA, Eloisa Acires C. A pedagogia e a educação infantil. *Revista Brasileira de Educação*, n. 16, p. 27-34, jan./abr. 2001.

ROSEMBERG, Fúlvia. O movimento de mulheres e a abertura política no Brasil: o caso da creche. In: _____ (Org.). *Creche*. São Paulo: Cortez/ Fundação Carlos Chagas, 1989. p. 90-103.

_____. A educação pré-escolar brasileira durante os governos militares. *Cadernos de Pesquisa,* São Paulo, Fundação Carlos Chagas, n. 82, p. 21-30, 1992.

_____. A educação de mulheres jovens e adultas no Brasil. In: SAFFIOTTI, H.; MUÑOZ-VARGAS, M. *Mulher brasileira é assim*. Rio de Janeiro/São Paulo: Rosa dos Tempos/Fundação Carlos Chagas, 1994.

_____. Expansão da educação infantil e processos de exclusão. *Cadernos de Pesquisa* [on-line], n. 107, p. 7-40, 1999.

_____. Avaliação de programas, indicadores e projetos em educação infantil. *Revista Brasileira de Educação*, Anped/Autores Associados, n. 16, p. 19-26, jan./abr. 2001.

ROSEMBERG, Fúlvia. Educação formal, mulher e gênero no Brasil contemporâneo. In: PISCITELLI, Adriana et al. (Orgs.). *Olhares feministas*. Brasília: MEC/Unesco, 2009. p. 115-48.

ROSSETTI-FERREIRA, Maria Clotilde. Integração entre fatores biológicos, socioeconômicos e culturais no desenvolvimento mental e desempenho escolar de criança desnutrida. *Cadernos de Pesquisa*, São Paulo, Fundação Carlos Chagas, n. 29, p. 37-48, jun. 1979 (Número especial: Desnutrição, pobreza e desenvolvimento mental).

SARMENTO, Manuel J. As culturas da infância na encruzilhada da Segunda Modernidade. In: _____; CERISARA, A. B. (Orgs.). *Crianças e miúdos*: perspectivas sociopedagógicas da infância e educação. Porto: Asa Editores, 2004. pp. 9-34.

_____. Sociologia da infância: correntes e confluências. In: _____; GOUVÊA, M. C. S. (Orgs.). *Estudos da infância*: educação e práticas sociais. Petrópolis: Vozes, 2008. p. 17-39.

SARTI, Cynthia A. Feminismo no Brasil: uma trajetória particular. *Cadernos de Pesquisa*, São Paulo, n. 64, fev. 1988.

_____. Reciprocidade e hierarquia: relações de gênero na periferia de São Paulo. *Cadernos de Pesquisa*, São Paulo, n. 70, ago. 1989.

_____. *A família como espelho*: um estudo sobre a moral dos pobres. Campinas: Autores Associados, 1996.

_____. A dor, o indivíduo e a cultura. *Saúde e Sociedade*, São Paulo, v. 10, n. 1, p. 3-13, jul. 2001a.

_____. Feminismo e contexto: lições do caso brasileiro. *Cadernos Pagu*, Campinas, n. 16, p. 31-48, 2001b.

_____. A família como ordem simbólica. *Psicologia,* São Paulo, USP, v. 15, n. 3, p. 11-28, 2004.

_____. *A família como espelho:* um estudo sobre a moral dos pobres. 3. ed. São Paulo: Cortez, 2005a.

SARTI, Cynthia A. O atendimento de emergência a corpos feridos por atos violentos. *Physis: Revista de Saúde Coletiva*, Rio de Janeiro, v. 1, n. 15, p. 107-26, 2005b.

_____. O atendimento de emergência a corpos feridos por atos violentos. *Physis: Revista de Saúde Coletiva*, Rio de Janeiro, v. 15, n. 1, p. 107-26, 2005c.

_____. Corpo e doença no trânsito de saberes. *Revista Brasileira de Ciências Sociais*, São Paulo, v. 25, n. 74, out. 2010.

_____. A vítima como figura contemporânea. *Caderno CRH*, Salvador, v. 24, n. 61, abr. 2011.

SCHAURICH, D.; CROSSETTI, M. G. O. Produção do conhecimento sobre teorias de enfermagem: análise de periódicos da área de 1998-2007. *Escola Anna Nery — Revista de Enfermagem*, Rio de Janeiro, v. 14, n. 1, p. 82-8, 2010.

SCOTT, Joan W. [1986]. Gênero: uma categoria útil de análise histórica. *Educação e Realidade*, Porto Alegre, v. 16, n. 2, p. 5-22, jul./dez. 1990.

_____. Prefácio a Gender and Politics of history. *Cadernos Pagu*, Campinas/SP, n. 3, p. 11-27, 1994.

SENA, Maria das Graças de Castro. *A educação das crianças*: representações de pais e mães das camadas populares. 1991. Tese (Doutorado) — Instituto de Psicologia, Universidade de São Paulo, São Paulo.

SILVA, Isabel de Oliveira e. *Identidade profissional e escolarização de educadoras de creche comunitária*: histórias de vida e produção de sentidos. 1999. Dissertação (Mestrado) — Faculdade de Educação, Universidade Federal de Minas Gerais, Belo Horizonte.

_____. *Profissionais da educação infantil*: formação e construção de identidades. São Paulo: Cortez, 2001.

_____. *Profissionais de creche no coração da cidade*: a luta pelo reconhecimento profissional em Belo Horizonte. 2004. Tese (Doutorado) — Universidade Federal de Minas Gerais, Belo Horizonte.

SILVA, Isabel de Oliveira e. *Educação infantil no coração da cidade*. São Paulo: Cortez, 2008.

SORJ, Bila; FONTES, Adriana; MACHADO, Danielle C. Políticas e práticas de conciliação entre família e trabalho no Brasil. *Cadernos de Pesquisa*, São Paulo, v. 37, n. 132, p. 573-94, set./dez. 2007.

SILVA, Isabel de O. e. A educação infantil no Brasil. *Pensar a Educação em Revista*. Disponível em: <http://www.pensaraeducacaoemrevista.com. br/vol_2/vol_2_no_1_Isabel_Oliveira.pdf->. Acesso em: 20 maio 2018.

TEIXEIRA, Inês A. C.; PÁDUA, Karla C. Virtualidades e alcances da entrevista narrativa. CONGRESSO INTERNACIONAL SOBRE PESQUISA AUTOBIOGRÁFICA, 2. *Anais...* Bahia, 2006.18 p.

TRONTO, Joan. Beyond gender difference to a theory of care. *Signs*, Chicago, v. 12, n. 4, p. 644-63, 1987.

_____. *Moral boundaries. A political argument of care*. New York: Routledge, 1993.

_____. The value of care. A response to can working families ever win? *Boston Review*, p. 1-2, feb./mar. 2002.

_____. Assistência democrática e democracias assistenciais. *Sociedade e Estado*, Brasília, v. 22, n. 2, p. 285-308, maio/ago. 2007.

_____. Particularisme et responsabilité relationnelle en morale: une autre approche de l'éthique globale. In: GILLIGAN, C., HOCHSCHILD, A. & TRONTO, J. *Contre l'indifférence des privilégiés. À quoi sert le care*. Édité et présenté par Patricia Paperman et Pascale Molinier. Paris: Payot, 2013.

VEIGA, Márcia Moreira. *O movimento de luta pró-creches e a política de educação infantil em Belo Horizonte*. 2001. Dissertação (Mestrado em Educação) — Faculdade de Educação, Universidade Federal de Minas Gerais, Belo Horizonte.

VIEIRA, Lívia M. F. *Creches no Brasil*: de mal necessário a lugar de compensar carências rumo à construção de um projeto educativo. 1986. Dissertação (Mestrado em Educação) — Faculdade de Educação, Universidade Federal de Minas Gerais, Belo Horizonte.

_____. Mal necessário: creches no Departamento Nacional da Criança (1940-1970). *Cadernos de Pesquisa*, Fundação Carlos Chagas, v. 1, p. 3-16, 1988.

_____; SOUZA, Gizele de. Trabalho e emprego na educação infantil no Brasil: segmentação e desigualdades. *Educar em Revista*, Curitiba, número especial 1, p. 119-39, 2010.

WALDOW, Vera Regina. Definições de cuidar e assistir: uma mera questão de semântica. *Revista Gaúcha de Enfermagem*, Porto Alegre, v. 19, n. 1, p. 20-32, 1998.

_____ [2006]. *Cuidar*: expressão humanizadora da enfermagem. 5. ed. Petrópolis: Vozes, 2010.

WATSON, J. *Nursing*: human science and human care. A theory of nursing. New York: National League for Nursing, 1988.

ZAGO, Nadir. Do acesso à permanência no ensino superior: percursos de estudantes universitários de camadas populares. *Rev. Bras. Educ.*, Rio de Janeiro, v. 11, n. 32, p. 226-237, ago. 2006.

GRÁFICA PAYM
Tel. [11] 4392-3344
paym@graficapaym.com.br